U0621315

超级留量

精细化运营
实战笔记

陈松月　谢涵博　著

电子工业出版社
Publishing House of Electronics Industry
北京·BEIJING

"增长"这个词，越来越多地被中国企业所提及，并融入企业发展的核心战略。可以看到，无论互联网巨头，还是其他行业中与互联网融合发展的新老企业，或多或少地开始搭建，或者已经拥有成熟的增长团队，不得不说，我们中国企业学习迭代的速度令人惊叹。

2018年，我从硅谷回国，带着《硅谷增长黑客实战笔记》一书，开始在中国积极推广增长黑客的理念，彼时大多数企业对增长的认知还停留在表面。几年过去，这样的情况几乎不复存在，越来越多从事增长研究的人才涌现，他们对增长理论进行本土化改造，并积极推广，希望指导中国企业，尤其是中小企业，完成互联网时代的转型。

企业要想转型成功需要很多要素，增长显然是其中之一，而企业的有效增长，离不开对增长人才的培养和基于逻辑及经验的可复用的实战方法论总结。而目前，增长更多地和用户、流量、变现密切相关，这是因为中国互联网进入了下半场，用户量开始见顶，流量变得稀缺，变现更加艰难。难则求变，企业对于提高流量运营和用户运营效率的需求变得迫切。

基于流量运营和用户运营的增长理论与增长技巧进行总结，是增长理念本土化改造的核心，也是这几年我帮助国内企业引入科学增长框架最直接的心得，而这本《超级留量：精细化运营实战笔记》正是作者松月在这个方向上的深入探索。

说起我和松月的相识，源于我在北京举办的一次书友会，松月风尘仆仆地赶来，热情满满地分享了自己在增长一线的工作体会。后来，出于机缘巧合，我们又在企业培训业务上进行了合作。松月是一个很有才华、想法丰富、热爱学习的年轻人，更为可贵的是，她一直在汲取国内外增长运营的理论，并结合大量的案例分析，沉淀出适用于中国市场的增长认知体系。所以，当她向我约推荐序时，我欣然应允，既是对她专业水准的认可，也是"Girls help girls"，希望借此能鼓励更多的女性作者、专家和增长从业者出现。

本书是松月的第二本书，她和朋友独孤菌合著的第一本书《从流量到留量》，其中就提出了"留量"的概念，并给出了成体系的运营方法论。而这一本书面向的是增长领域覆盖最广的群体——一线的运营、市场营销、增长产品经理等从业者，他们其实是最需要完善增长思维的群体，而且需要落地性更强的策略与技巧性内容，本书能提供很多有价值的内容。

中国如今的环境非常适合创新。创新意味着有更多商业增长的可能性，有更多优秀企业会诞生和发展，它们必然需要非常多的增长人才，而增长思维往往只能从实践中真正理解并获得，希望我推荐的这本书能成为你获得增长思维的有效推动力。

曲　卉

2022 年 7 月 20 日

推
荐
序
二

从流量到留量 从视角到实操的全面转变

作为互联网从业者，流量获取与用户留存是日常最重要的工作内容，甚至可以说，为了流量，我们需要不断开辟新战场，不断转换新形式。只有提升流量获取效率，不断获得流量，才能立于不败之地。为了流量，我们会调整产品设计的策略，使流量的转化率更高。

一提到流量，很多人就会想到私域、社群、内容运营、活动等关键词，这些是获取流量的重要手段。大家也常常听到抖音、快手、公众号、微博等社交媒体平台的名称，这些是获取流量的重要渠道。流量获取的方式层出不穷，大家都在想尽各种办法获取价格更低、转化率更高的流量。

然而，在获取流量后，如何让用户留存，也是一个非常大的挑战。所谓"生于拉新，死于留存"，如果留存做不好，就像没有堵上出水口的水池，无论你的流量来源有多充足，始终都会归零。从运营的角度来看，留存和流量增长的地位同样重要，但在工作中，我们都会不自觉地轻视留存工作。

我看过作者的第一本书，从流量过渡到留量的思路帮我打开了视野。当我看到这本书时，更有一种豁然开朗的感觉。它不仅仅讲述了流量的获取，更重要的是提出了"经营流量"的理念，只有拥有经营流量的思维，才会在规则之下，以用户为中心，为用户提供有价值的信息，获得用户的信任；不仅能获取流量，还能捕获用户的口碑。

在实操层面，我们也必须做出改变。以前互联网是新生事物，因此我们会花大量时间研究平台规则和策略打法，因为渠道很多、资源很少，所以无法一次覆盖所有的渠道。

现在互联网已经成为事实上的水、电、煤，即使像抖音、视频号、知乎等平台也已经有了多年的历史，不再是新鲜事物了。平台规则已经变得很透明，策略打法也从"钻漏洞"转变为资源矩阵驱动，运营难度直线上升。

这就需要我们转变思路，与其大搞策略，不如认认真真运营好一个平台，经营好自己的账号，让深耕与精细化运营成为我们工作的指导方针。

本书与大讲流量运营大道理的书籍有很大的区别，每一个环节都配有很实用的落地实操方法，手把手地教读者分析运营的形式、不同渠道的运营策略，并且提供了非常丰富的实例，达到了"开箱即用"、快速上手的效果。

布　棉

三节课联合创始人

畅销书《做课》作者

目　录
Contents

第一章

留量拉新实战

我长期从事增长工作，且会在业余时间以增长专家的身份参加各种行业交流活动，也会被邀请作为一些小型线上分享会的嘉宾。

在参加这些活动的过程中，我接触到非常多和我一样从事增长运营的职场人，也有对增长业务感兴趣的其他领域的专家和初入职场的大学生。

其间，我发现大家特别关注增长的一个环节：拉新。我想不只是因为很多人从事的工作内容就是拉新，如新媒体运营、渠道投放、活动引流，等等，还因为拉新在增长流程中占据相当大的比重，唯有留存才能与之相较。

留量脱胎于流量，而获取流量就是拉新的本质，所以本章就从实操层面为读者讲解从平台流量渠道拉新的实践打法。

1 平台引流实操逻辑

我的运营生涯，其实是从平台引流开始的。我刚毕业时加入一家头部教育公司，负责的工作很简单，就是从外部平台引流，为招生储备流量池。

现在回想起来发现，如今在各种渠道免费引流的操作逻辑，与当时别无二致。所以，我想通过详细描述当时如何从平台引流，为其他渠道的引流实操解读搭建基础的逻辑框架。

当时的平台以论坛为主，论坛是互联网早期的用户集散地与信息聚集地，但在移动互联网诞生之前，这是非常大的流量洼地，仅次于 QQ（包括 QQ 群和 QQ 空间）。

当时微信还处于早期发展阶段，微信公众号也处于红利期前夜，我们当时与用户交流，使用最多的工具还是 QQ，所以，从平台引流到 QQ 进行招生是当时的业务首选。

那么去哪里找流量源头？教育论坛。和很多人的理解不一样，我当时没有选择外部论坛，而是从公司论坛入手（公司有独立的教育论坛，而且规模是行业第一），于是我开始探索从论坛到 QQ 的流量获取模式。

接下来借助从论坛到 QQ 的流量获取模式,从四个方面阐述平台引流的实操逻辑。

1.1　了解平台的流量生态

我一开始做引流时也是一头雾水,虽然了解大概路径,但涉及落地就很容易找不到切入点,所以我做了一件事:逛平台。

"逛"其实是了解一个平台流量生态的核心方式。"逛"的本质是使用平台,通过"逛"你才能懂得用户为什么愿意在这里投入时间,你才能知道这个平台有哪些类型的用户,你才能了解平台的流量布局与运行特点。

要重点关注如下两个方面。

第一个方面,了解它基础的内容布局。所谓内容布局,就是当你打开平台时,它的首页上会显示什么类型的内容,比如会有轮播图,还有一些小标题,点击之后会进入不同的帖子,这都是比较大的流量入口。此外,下拉后还会看到很多小板块,像我当时浏览的教育论坛,就包含很多细分领域的板块。

你要清楚哪些板块是比较活跃的,这个非常重要,因为越活跃的板块流量越大,而后面在做引流的时候,一定要从这些活跃的板块下手。

第二个方面,看一下用户在这些板块里是如何进行互动的。对于教育论坛来说,互动的主要形式是发帖,围观者会评论、点赞,底层逻辑和我们现在看到的今日头条、知乎、小红书等是一样的，所以说从 PC 互联网到移动互联网，用户在各种流量平台上的互动形式没有任何改变。

我们在做流量的时候，不仅要做到大致了解，还要从细微处仔细研究平台的流量布局，思考用户在平台上的动作，再尝试引流。

还以我当时从论坛引流为例，因为主做初中领域，所以我比较关注论坛的初中板块。初中板块中比较活跃的子板块是什么？是中考，于是我浏览了很多内容，观察哪些话题容易被讨论，哪些帖子点击量高，基于这些内容，就很容易从这个平台提取一些有效信息，增加引流的可能性。

1.2　培育平台账号

为什么要培育账号？因为如果建完一个新账号后立马就开始引流，很容易会因为触犯平台规则而遭到封禁，从而增加引流的成本。

既然要做引流，就要遵守平台的规则，我们要正常使用新建的账号，这样才能够确保后期引流动作的持续性和有效性。

当时我注册了很多账号，有单纯的用户号，也有平台认证的教师号。无论什么号，在平台上都有不同的等级，完成特定操作后就能升级，这和现在很多互联网平台的玩法类似。

至于要完成的操作，无非就是发帖、浏览、回复、关注等。完成这些操作，就可以获得一定的经验值，账号等级也会慢慢提升，当账号达到较高的等级时，平台对你的影响就会变小，对一些违规操作的处理也会有一个缓冲期，并在此期间对你进行提醒。

我当时以老师的身份入驻论坛，养号方式也比较简单，就是频繁地发布与学习有关的内容，尤其是学习资料，我基本每天都发，并且每天都会看论坛，甚至会回复评论。

账号等级提升后可以无限制地跨越多个区域进行分站引流，每天都能无限发帖。如果一个新号这样做，会被平台判定为营销号，是来薅流量羊毛的，所以平台对新账号有每日发帖频率及次数上的限制。但只要上升到一定等级，限制就会消失。所以在引流时，账号等级越高，引流的稳定性就越强。

假如你在一个引流团队里，领导让你注册账号后立马开始引流，你会怎么做？唯一的策略就是注册多个账号。

注册多个账号后，你要尽可能地在不触碰平台规则的前提下进行引流，在这个阶段，因为账号很容易被封禁，所以比较合理的方式就是按照平台规则像正常用户一样使用账号，使用得越多，账号等级升得就越快，这个原则适用于任何一个互联网平台。

一个人可以同时培育多个账号。你可以使用一个账号在不同板块、不同分站发布内容，再用其他账号进行评论互动。如果每天都重复这样的操作，那么你在短时间内就可以拥有一批高质量的账号，然后就可以开始长期的引流工作了。

1.3 内容运营与用户运营

引流需要介质，也就是内容，所以内容运营很重要。

所谓内容运营，就是在平台发布内容要遵循一定的规律，了解在什么时候发布什么样的内容可以带来好的引流效果。

我在做论坛引流时，首先问了自己一个问题：教育论坛最核心的职能是什么？很明显的一个答案就是教育信息交流，主要包括政策信息、学习方法等。这就说明我在平台上提供的内容要具备一定的专业性。

因为当时兼任教师职位，所以我收集了大量所教授学科的学习资料，每天都上传一些，同时为用户解决一些更有针对性的问题。此外，我还准备了很多 PDF 版本的资料，在上传的时候配一些文字，讲解资料的用途。为了让论坛上的用户愿意阅读我发布的帖子，我研究了很多用来吸引用户注意力的标题，这在论坛时代是非常重要的。关于标题的使用技巧，在我的上一本书《从流量到留量》中的相关章节有所展开，这里不再赘述。

除了发布学习资料，我还会发布一些文章，这些文章主要用于讲解一些学习上的困惑，并且提供解决方案，虽然这类内容的影响力较小，但是能带来更加精准的流量。

此外，我还喜欢发布一些包含常见题型的总结性资料，其比纯知识点资料更加实用。如果将其变成一个连载帖子，这个帖子会一直存在，并且变得越来越长，形成流量长尾。

后来官方将那篇帖子设为"精华"，长期置顶，在这个具有高流量的曝光位置，突然有一天这个帖子的浏览量暴涨几千甚至过万，与此同时，带来了几百甚至过千的进群用户量。

而通过发布一些个人经历来引起用户共鸣，也能起到不错的引流效果。作为一名教师，我能接触到很多学生并了解他们成长过程中的故事。在这些故事中，励志类、逆袭类的故事有很强的吸引力，只需要对文案稍加润色就能成为不错的帖子。

当时和我一起共事的学长，就将自己的学习经历写成了帖子，这个帖子被官方置顶并迅速成为爆帖，引流效果出人意料的好。

其实，爆帖的诞生和我们现在看到的新媒体爆文同属一个逻辑，只是两者的载体不同。所以在引流阶段锻炼出来的内容产出能力，帮助我顺利过渡到后来的移动互联网时代。

相比内容，用户运营也是非常重要的。帖子的热度终究会消散，为了让帖子不"沉"，我每天都要从群里引导一些用户去维持帖子的热度，核心方式是做一些激励性的活动，比如给坚持留言一周的用户发放奖励等，而在一个帖子建立的初期，我们最好用手里的小号去刷评论，以维持新帖的曝光率。

1.4 设计引流技巧

前面的步骤基本解决了论坛流量接触与运营的问题，接下来就是最重要的一步：完成引流。我在平台引流的过程中，使用了较为简单的方式：在发布的帖子末尾植入一个超链接，用户点击这个超链接就可以申请加入 QQ 群。要知道在 PC 时代，几乎人人都使用 QQ，所以这样的引流操作效果非常好。

不过，要想让用户愿意点击超链接进入你的 QQ 群，引导就变得非常重要，比如可以使用"点击获取更多资料""点这里领取题目答案"等引导文字。

前面谈到我很喜欢提供带有题目的学习资料，但是不会在资料里附上所有答案，用户只能按照引流路径到我的群里来领取答案，这个方法在早期非常实用。后来我开始尝试其他引流技巧，比如在资料里放置 QQ 群二维码，这是一个相对长期且保险的方式，但是引流效率会有所降低。

其他一些方式，比如将引流入口放置在评论区，用引流链接回复自己发的帖子并将评论置顶，同样有风险，于是我开始用引流链接（实际是带有超链接的文字）来回复用户的留言。

论坛有私信功能，所以也可以引导用户私信交流，届时给他进群链接即可。

总之，无论我们在什么平台进行引流，都一定要先了解平台有哪些流量入口，有哪些可以展示内容的位置允许你进行引流。

那么移动互联网时代的主流平台应该如何进行引流呢？我们以今日头条和知乎这两个新兴平台为例展开讨论。

2 平台免费引流实操

2.1 今日头条引流实操

今日头条是移动互联网时代非常重要的流量平台，其以信息流算法闻名，是重要的内容分发平台和引流渠道之一，接下来我们就分享如何从今日头条进行引流。

2.1.1 今日头条的流量生态

今日头条作为拥有 2.7 亿左右活跃用户的流量平台，是字节跳动除了抖音最主要的产品之一。它之所以被抖音超越，是因为抖音顺应了信息短视频化的趋势，而今日头条依旧以图文作为内容的核心载体。

不过，今日头条自身拥有独立的流量生态。其流量运转的核心逻辑是对各种类型的内容进行算法推荐，即信息流，用户只要不断地刷屏就可以获取不同类型的内容，优质的内容经过这样的推荐会得到大量曝光，从而为创作者获取粉丝，形成流量闭环。

那么创作者通过什么工具来提供内容？答案是头条号。创作者通过头条号提供图文、视频、问答、微头条、专栏、小视频等不同形式的内容。但是，创作者获取今日头条流量的最主要形式还是图文。

当然，今日头条在自身发展的过程中曾重点推过视频、问答、微头条等其他内容形式，但这些都未动摇图文的核心地位。所以要想从今日头条进行引流，发文章是最快、最靠谱的方式，对于从事新媒体的人来说，今日头条一定是分发内容的最主要平台之一，这里诞生了非常多的爆文。

如今运营今日头条，除了撰写文章，写一些问答也能帮助你获得额外的流量，甚至可以作为重要的创作灵感来源。具体来说，通过收集所在领域的一些问题，回答之后将其复制，利用图文的形式发布文章，能显著提高内容的输出效率。当然，所写的文章也可以选取部分作为一些问题的答案发表，以获得更多的综合性流量。

此外，还可以使用微头条发布一些相对简短的内容，一般在几百字左右，创作门槛低，输出效率高，只要内容被用户认可，就能获得较大的曝光量，从而助力涨粉，而且微头条支持插入专栏、橱窗等变现工具，能同时完成涨粉和变现。

所以，要想运营好一个头条号，可以这样做：

（1）以图文作为核心的内容创作形式，深挖今日头条这个平台的用户对你所处的领域感兴趣的话题；

（2）借助问答补充图文创作的话题和素材，并进行适当频率的答案撰写；

（3）把文章当中的部分段落作为日常运营微头条的素材，高频率地输出，保证曝光量最大化；

（4）把文章的内容录制成长视频发表，不追求高频输出，确保视觉体验。

以上就是今日头条的运营布局，兼顾高频、高质量的输出要求，保证稳定曝光，获取优质流量。

2.1.2　今日头条的流量曝光策略

从以上对今日头条流量生态的分析可知，想要进行引流，前提是能在平台上获得足够的曝光率，而在今日头条上获取高曝光率的方式，就是提高内容的推荐率，增加粉丝数量，所以最根本的策略，还是提供符合平台用户需求的内容。

根据运营头条号的经验，我总结了如下内容运营法则。

（1）学会寻找具有话题性的内容

在头条号获取流量，最重要的就是输出文章，高曝光率的文章离不开合适的选题，所以一定要学会寻找选题，找对选题，好文章就完成了一半。

今日头条自身带有选题工具，可以帮助头条号运营者进行创作。第一个工具是今日头条首页的"热点"板块，可以时时刷新获取最新的新闻；第二个工具是头条号主页的"热点创作"板块，点击后可以看到不同创作领域的热点内容，从而帮助创作者快速确定选题。

当然，其他平台上的热点也同样可以作为创作主题在今日头条上发表，这里推荐一个我最喜欢用的工具，今日热榜。

今日热榜几乎集合了所有互联网信息平台的热点内容，包括微博、微信、知乎、百度、哔哩哔哩、抖音、豆瓣等主流平台，还有财经、娱乐、购物等主要垂类的论坛和媒体平台，只要每天打开这个工具浏览各平台的主要热点，创作效率就能大大提升。其界面如图 1-2-1 所示。

图 1-2-1　今日热榜界面

还有很多其他有用的选题工具，这里一并列入，供读者参考：

○　平台指数类：百度指数、爱奇艺指数、搜狗微信指数、头条指数、360 指数、微热点等；

○　热点查询类：今日热榜、看榜神器、知微事见等；

○　事件排行类：百度风云榜、网易新闻排行榜等。

除了学会使用选题工具，平时的素材积累也必不可少，因为我们不可能一直追热点，有些可以长期影响用户的话题，也能带来爆款效应。

（2）选择合适的内容供给策略

所谓内容供给策略，指内容从获取、生产到发布全流程的具体形式，可分为转载、原创和采编三种。

转载很好理解，就是从内容原出处完整复制整个内容，基本上原封不动地进行发布，大多数转载的内容都会被要求标记原出处，以保护版权。

原创则是完全依靠自身创作能力输出内容，并在自己的平台或者授权其他平台发表，一般有"原创"备注或标签。原创内容的门槛较高，需要创作者具有一定天赋，并且进行大量的输入和训练。

采编可以理解为半原创，主要是将多人原创的文章进行整合，偶尔夹杂编辑的个人观点，变成一篇主题统一但兼顾多个观点的文章，很多时事热点型的文章就以采编为主。

对于头条号运营来说，以上三种形式都有必要使用，你需要做的是进行配比，从而确立一个核心形式。就我的观察而言，知名度高的头条号（也包括其他平台的自媒体）都以原创为主，而且能保证高频率输出，偶尔加入转载或采编的形式。但是，大多数头条号都做不到高频率的原创输出，所以采编是一个不错的形式，这就需要我们养成日常积累素材的习惯。

我个人常用的两个工具积累素材是微信收藏和有道云笔记。

不得不承认，公众号依旧是目前最大的互联网内容平台之一，相信每个人都会关注大量的公众号，发现好文章，顺手收藏，这是做内容运营的人的基本习惯。但大多数人都是直接收藏，时间一久就忘了文章的具体内容，所以在收藏一篇文章的时候，一定要顺手打上标签，便于自己在需要素材时寻找、使用。

但是，公众号文章有时会因为各种各样的原因被封禁或删除，所以我个人还会将原文章复制到有道云笔记，同时也会提前做好分类，防止某些素材丢失。当然，有道云笔记只是工具之一，还有很多有类似功能的工具可以使用，如石墨文档、腾讯文档等。

（3）合理规划内容，善用数据分析

掌握了选题渠道和内容供给策略后，要想依靠内容真正做起头条号，还必须有合理的内容规划和基础的数据分析。

先说内容规划。头条号的内容形式多样，图文、微头条、视频、问答等都能使用，如何将这些形式与某类选题结合起来非常重要，结合得好就能起到事半功倍的效果。

那如何进行内容规划呢？

首先列一张表，表头包含内容形式、发布频率、发布条数、运营周期内的选题类型、每一天的具体选题等项。其次是将每一列的内容进行完善，其中内容形式一列按顺序将图文、微头条、问答、视频等项写出来。

我的个人建议是：图文一天 3 条，每周发三天且间隔发布，其中包含 1~2 篇原创；微头条一天 5 条，每条 100 字以内，有一条可以是篇幅较长的内容，每周连续发布 5 天；问答不做具体限制，根据实际情况适当发表即可；视频一周一条，长度在 5 分钟左右，内容选自原创文章或部分采编文章，最好有真人出镜。

以上的内容运营规划适用于专注于头条号运营的人，如果仅仅将今日头条作为内容分发渠道，则无须做过密的规划，只要按照你运营的公众号的内容发布频率分发即可。

再说说数据分析的问题。头条号本身拥有强大的数据分析功能，每一篇文章，每一个视频、问答、微头条等都有展现量、阅读量、点赞量、评论量等核心数据，而我们要积极利用这些统计数据去分析每篇内容的流量获取效果。

在对单篇内容进行分析时，重点观察展现量、阅读量和点击率，直观地判断流量推荐效果。比如，一篇文章的展现量很高，说明系统判断这篇文章的内容选题值得推荐，而阅读量和点击率很低，说明文章标题吸引力不够，或者用户对选题本身不感兴趣。

如果你想获取更详细的统计数据，头条号也支持运营者查看阅读完成率、流量趋势、流量来源等，从而帮助你更客观地判断一篇文章获取流量的效果。

比如通过查看文章的流量来源，可以了解内容在不同渠道曝光的流量比例。有的内容虽然展现量高，但在个人主页的展现量占比较大，说明内容并没有被系统更好地推荐。

当然，一篇文章的推荐效果受很多因素影响，头条号的统计功能能满足基本的分析要求，碍于篇幅就不做更细致的讲解。

（4）注意视觉效果，做到图文并茂

一篇文章被今日头条推荐给用户时，文章如果没有配图，用户大概率会划走；如果有配图，但配图不够精美，没有好的视觉效果，用户顶多看一眼后划走。

有没有配图，有没有好的配图，会显著地影响头条号内容的阅读量和点击量，这两个量如果提升了，展现量就有可能提升，因为用户的行为会告诉系统：这篇内容值得推荐。

所以，文章一定要做到图文并茂，且运营者需要学会选择好的配图。什么样的图是好的配图？一定要贴合内容主题或内容中某一段的主题。比如你写了一篇关于赚钱的文章，带着财富、货币、富豪等符号的图片就可以作为配图；如果提到了具体的人物，那么配这个人的肖像图则更为合理。很多创业、职场、教育等主题的文章，就喜欢配一些互联网知名人物的肖像图，流量效果也很可观，其他领域的内容也是如此。

不过，图不能随便选择，尤其在国家对互联网信息管理越来越规范的背景下，掌握一些能提供免费可商用图片的渠道非常重要，比如 Pexels（提供免费可商用图片的网站）、Unsplash（免费高质量图片网站）、Giphy（最大的 Gif 搜索网站之一）等。

其实今日头条本身提供了丰富的图片素材库，在编辑文章时可以根据关键词直接搜索使用，尤其是在选取封面图时，系统支持自动配图，从而大大提高了运营效率。

2.1.3　今日头条的引流路径设计

前面讲的都是在今日头条上获取流量和曝光的方法，这只是引流的前半步，后半步就是设计一个引流路径，将流量变为精准的潜在用户，将其沉淀在自己可以掌控的流量池里，成为留量。

路径设计包含三个部分：钩子、位置和联系方式。

首先是钩子，简单来说就是吸引流量的抓手，这是引流的关键动力，好的钩子能让引流起到事半功倍的效果。举个例子，一个职场领域的账号，发布了一篇关于 PPT 制作的文章，PPT 制作是很多职场人士的痛点，如果在文末放置一个关于 PPT 的钩子，类似"PPT精美汇报模板""PPT 超实用操作干货汇总"等，同时告知领取方式，比如添加微信号，你会发现有很多人按照提示添加微信，这就是钩子的作用。

有了钩子，就要把钩子放在合适的位置进行流量曝光。今日头条的曝光位置及每个位置的引流状况如表 1-2-1 所示。

表 1-2-1　今日头条的曝光位置及其引流状况

曝光位置	引流方式	引流效果
个人主页-背景图	图片上带有诱饵介绍和联系方式	弱
个人主页-简介	在简介中插入诱饵内容和联系方式	弱，有违规风险
文章开头	以新用户福利为由植入诱饵，同时附上联系方式	强，有违规风险
文章中间或末尾	结合内容本身植入诱饵，同时附上联系方式	一般，有违规风险
评论区	提前在评论区投放诱饵和联系方式，文中进行引导	一般
私信	在文章的开头、中间或末尾引导用户私信账号，运营者提前设置关键词，或者人工回复获取诱饵的方式	一般
个人主页-菜单栏	设置菜单栏目，关联优质内容作为子栏目，在栏目内容的开头或末尾植入诱饵和联系方式	弱

最后一步就是设置联系方式，这取决于运营人自身的需求。有的人喜欢精准流量，并且希望可以直接成交，一般会选择留微信号；有的人觉得可以通过今日头条等外部平台帮助公众号增粉，且运营成本低，就会选择留公众号的名称或 ID，并引导用户关注、回复关键词。

这两种联系方式的设置都有一定道理，因为它们都是微信生态里非常重要的运营载体，关键要看从钩子设置到位置设置再到联系方式设置的过程中，整体的引流机制是否合理，引流效果是否最优，这才是评价引流工作是否有效的真正方法。

2.2　知乎引流实操

知乎是著名的互联网问答社区，拥有几千万的月活用户，是中国互联网中少数几个拥有大批高质量用户的平台，也是企业不可忽视的流量洼地。擅长增长策略的人喜欢以低成本获取流量，从知乎上进行引流时也要注意这一点，当然，如果你有充足的预算，可以直接投大 V 或者投信息流。

回到知乎运营本身。与运营今日头条相比，知乎在引流原理甚至在引流设计上并无太多不同，最大的差别可能在于内容运营方式，这也是在知乎低成本获取流量的关键。

2.2.1　知乎养号策略

在讲知乎内容运营方式之前，有必要了解一下养号的问题。知乎作为一个内容社区，账号的等级和质量会显著影响运营的效果。

关于如何养好一个知乎号，我曾经问过很多资深的知乎运营大牛，他们提供了很多策略，但都是一些常规的方法，比如完善信息、每天浏览问题和回答、完成认证等，而具体要执行到什么程度，就是一个比较玄妙的问题了。

直到知乎推出积分体系——盐值。实际上，知乎最开始的时候就有盐值体系，但设计比较粗略，仅以分数形式体现，后来随着知乎的发展、完善、商业化、上市及持续的用户增长，整个用户成长体系逐渐健全，于是就形成了今天的盐值体系。

具体来说，盐值体系与知乎账号等级相对应，每天会有一系列固定的日常任务，用户只需完成任务就可以获得对应的盐值。盐值可以累积，累积到一定数量，账号就会升级并解锁更多权益，其中包括知乎会员的权益。

整个盐值任务体系，规定了知乎用户的一系列主要行为，其中以问答相关行为为核心，包括提问、回答问题、关注问题、点赞、发表评论、邀请好友回答问题等，每个行为任务都包含对完成次数的要求。除此之外，也有写文章、发视频、开直播等奖励盐值的任务。

所以在养号时，先尽可能做与问答相关的任务，尤其是关注、点赞、认可和收藏，每天各有 5 次获取盐值的机会，行为成本相对较低，但能获得可观的盐值，快速提升账号等级。与此同时，可以每天尝试回答少量所处领域的问题，偶尔也可以发文章和视频，调整新账号的状态，等待后续更多精准的问题推荐与流量曝光，为未来的引流做准备。

总之，知乎最好的养号策略就是每天按照盐值任务使用知乎，这样可以避免在养号过程中出现方向性错误，降低试错成本。

2.2.2　知乎的内容运营

知乎虽然本质上是一个问答平台，但却包含着多种内容形式，以前以问答和专栏为主，现在开始逐渐增加视频和直播，不过，问答依旧是知乎最核心的内容形式，也是获取曝光量的最佳手段。使用其他内容形式围绕问答进行矩阵式创作，是知乎内容运营的合理策略。

针对问答内容的运营，可以从以下两个方面入手。

（1）挖掘适合获取流量的优质问题

关于优质问题，尤其是高话题度的问题，知乎有两个位置可以直接提供。

其中一个位置是首页推荐。这里有通过算法推荐给用户的带有高质量回答的问题，这些问题不一定是运营者所处领域的问题，因为算法推荐逻辑与平时的关注、浏览、点赞、回答等行为关系很大，所以如果平时关注或点赞的多是所处领域的问题回答，那么系统推荐的自然就是相应领域里带有较好回答的问题，运营者只要关注这些问题并有节奏地回答即可。

另一个位置就是热榜。热榜每天都有高话题度的问题。如果发现有你所研究领域的问题，一定要尽早回答，且内容质量要尽可能高，因为热搜问题的流量是非常大的，质量越高的回答越容易获得高赞，从而得到更多曝光量，帮助账号实现粉丝增长。当然通过回答热榜问题来获得粉丝有一定运气成分，不适合作为运营的主要策略。但我们依然可以时刻关注热榜，并努力打磨内容输出能力，默默等待高赞的到来。

除此之外，知乎上的更多优质问题还需要我们自己通过以下几种方式来寻找。

第一种方式是借助关键词搜索，这个方法非常适用于细分领域中优质问题的收集。至于关键词的寻找，我们在今日头条那一节提到了一些工具，这些工具同样适用于知乎问题的搜寻，这里不再赘述。

此外，我还想推荐一个工具，5118 大数据，这是与 SEO/SEM 营销相关的工具，里面收录了众多平台的关键词数据，运营者可以借助它优化所处领域的关键词，在百度和知乎上找到优质的问题。为什么在百度上也能找到知乎的问题？主要是因为知乎在得到百度的投资后，其在百度上的搜索权重被提高（站长之家的数据显示，知乎在百度网页端和移动端的搜索权重值达到 8），百度会优先展示百度爬虫抓取的知乎上的问题与回答，为知乎进行引流，所以，使用 5118 大数据，可以优化在百度上的关键词搜索效果。

另外，知乎本身也有关键词搜索功能，是知乎给平台账号导流的重要入口之一，在盐值体系里，也有引导使用搜索功能的任务。

在使用知乎搜索关键词时，我们会发现搜索结果中有具体的话题及带有关键词的问题，而话题中也包含很多与关键词有关的问题，收录的问题质量普遍很高，可以优先回答。至于搜索出的问题，可以借助 5118 大数据的"知乎问答监控"功能对其进行潜力分析，便于我们判断该问题是否值得回答，从而提升优质问题的寻找效率。

第二种方式是寻找并关注所处领域的知乎大号（知乎大 V），看他们都关注和回答了哪些问题，这些问题大概率是有潜力的，可以跟随大 V 一起回答，获取曝光机会。

当然，寻找大 V 也可以使用类似 5118 大数据这样的工具，比如用"知乎作者监控"功能，观察知乎大 V 所发表内容的热度，提前做好内容储备。

第三种方式是经常查看系统推荐的问题，可以在知乎 App **"消息—邀请回答"**和**"我的—我的卡片—回答问题"**这两个具体位置进行查看。这两处的问题是根据知乎账号在不同话题下所获得的赞数推荐的，相对来说比较精准，同时可以在平时的运营中留意一些问题，并借助工具监控，这样也能挖掘出不少有潜力的问题。

前面提到可以通过工具判断问题的热度，但有时可能因为某些原因无法使用工具，这就需要通过一些人工方法来判断哪些问题值得回答。当然，即使有工具监控，也需要人为判断。

基本方法如下，通过三种数据来判断这个问题的热度，分别是关注人数、浏览人数和回答个数。关注人数多、浏览人数多、回答个数多，就说明问题有一定的用户基数，可以考虑回答。接下来讲讲具体如何从这三个维度判断一个问题的质量。

对于关注人数，重点看你关注的知乎大 V 是否关注了该问题，也看一下知乎大 V 是否进行了回答，以及回答的时间。如果还没有回答或者回答时间不长，你就可以跟进一个高质量的回答。

浏览人数可以用来判断一个问题的热度，如果浏览人数超过四位数，说明值得回答；隔一段时间刷新一下该问题，如果发现浏览人数持续上涨，那么说明热度还在，可以优先跟进高质量的回答。

至于回答个数，则可以用来判断高赞回答出现的概率，如果回答个数多，基本上很难再出现高赞回答；如果回答个数较少，比如几万浏览量的问题只有十几个回答，就有可能出现高赞回答。

除了依靠数据，也可以从问题本身进行判断，以此作为是否值得回答的依据，主要看问题反映出的是强需求还是弱需求。如果是强需求，就可以优先回答，一般表现为高频场景、特殊节点、学习或生活当中的细节性问题，比如考前突击复习、文章排版、工作数据整理等。

（2）优质回答输出，努力获得粉丝

找到了优质问题，就需要通过撰写高赞回答来涨粉，这是知乎内容运营最核心的逻辑，而内容质量又是内容运营的绝对核心。此外，想要获得高赞，以下几点也值得注意。

首先是回答的版式，主要包含配图、关联类似问题或回答、插入视频或文章链接，目的是让内容看起来丰满。

关于配图，建议至少有 3 张，最好是原创配图，比如思维导图和数据图表，而在某些领域，如动漫、生活、宠物等领域，回答中的图片越多、越美，就越容易获得高赞，因为更容易吸引读者的注意力，但要把控好图片来源。

至于视频，这是目前知乎大力推行的内容形式，甚至开发出用视频回答问题的功能，这种内容也可以获得较大力度的流量扶持，所以在回答中插入视频，甚至直接用视频回答问题，都是很好的选择，但同时也对内容运营提出了更高的要求，视频内容可以是相似问题的回答或已经发表的文章。

如果还是以文字作为回答的内容形式，那么可以插入本账号其他的相关回答和文章，尤其是有概率获得高赞的回答。可以在文中结合上下文进行穿插，也可以在文末作为内容拓展进行植入，这样既能在视觉上让回答看起来更加丰满，也能为其他回答或文章增加曝光率，提升账号的点赞数。

其次是回答的开头设计与内容结构设计。

先看开头部分。知乎问答不同于文章，没有标题，所以想吸引流量就需要精心设计开头。

目前知乎上较为常见的开头有 4 种：

○ 干货引入：所谓干货，就是告知用户有整理好的资源，可以节省目标用户的内容筛选时间，通过满足求快心理吸引用户，常见句式是"通过×××方式，盘点了×××份资源……"。

○ 总结经验：针对问题直接抛出结论，以总结性的解决方案为主，常见句式是"对于这个问题，我总结了×××条经验/×××个方法/×××个技巧……"。

○ 强关联：突出自己是问题相关领域的专家，通过介绍自己的职业履历，增强信任感，常见句式是"作为从事×××年×××领域工作的人，讲一讲我的一些经验……"。

○ 讲故事：以故事场景代入，典型如"人在美国，刚下飞机"，吸引用户注意力。

这4种开头并非绝对的开头形式，尤其是里面提到的句式，更多的是一种逻辑提炼，实际存在非常多的变种，这就需要我们平时多阅读、多积累，形成自己常用的开头形式。

再来看回答的内容结构设计。知乎的回答可分为三类：盘点类回答、故事类回答、结构类回答。

盘点类回答一般以干货引入为开头，里面会介绍很多与问题相关的干货，比如学习方法、学习资料等，以此来勾起用户的收藏欲望；另外盘点的内容一定要足够多且有条理，方便用户查找。

故事类回答一般以讲故事的形式吸引用户注意力，把解决问题的方法通过情节展现出来，目的是方便用户理解并引起共鸣，里面的情节大多源自真实生活，所以会让用户产生信任感和亲切感。

结构类回答一般从问题入手，深入分析问题产生的原因，并给出解决方案及依据，其中会引入大量的实例和资料，需要较强的逻辑框架进行支撑，这类回答会让用户醍醐灌顶。

最后是回答的冷启动与维护。

为什么要追求知乎回答的高赞？原因是知乎采用威尔逊算法对回答进行推荐，点赞越多，说明回答越优质，越有可能推荐给更多人，从而获得更多赞和更多流量，有利于涨粉和引流。知乎的威尔逊算法如图 1-2-2 所示。

$$n = u + v$$
$$p = u/n$$
$$S = \left(p + \frac{z_a^2}{2n} - \frac{2a}{2n}\sqrt{4n(1-p)p + z_a^2} \right) \bigg/ \left(1 + \frac{z_a^2}{n} \right)$$

u 表示赞同，v 表示反对，n 表示总票数，p 表示赞同率，z 是正态分布的分位数（参数），S 表示最终的威尔逊得分。

图 1-2-2　知乎的威尔逊算法

所以，为了能让新回答在一开始就获得尽可能多的推荐，可以使用以下几个小技巧。

〇　使用"内容自荐"功能，在刚发布新回答时就获得更多曝光机会，依靠优质内容吸引用户点赞；

〇　在回答末尾进行点赞引导，比如在文末直接加上"原创不易，点赞就是我的最大动力"；

〇　准备几个小号进行点赞，并在评论区回复小号的留言，引导真实用户点赞；

〇　进入或组建专门的点赞群，通过发红包的方式吸引群内成员点赞，注意控制速度。

只要能在短时间内获得足够多的赞（一种说法是 20 分钟 10 个赞，另一种说法是 2 小时 20 个赞），就会被知乎判定为有价值的回答，从而推荐给更多用户，提升回答的排名。

除了冷启动，维持回答的排名也很重要，其基本逻辑与冷启动相似，但需要对回答进行长期的内容更新，每一次更新都要引导点赞，让回答可以被长期推荐，从而获取更多长尾流量。

当然，知乎大 V 点赞或分享你的回答是最直接有效的获赞方式，但这需要运气和实力。

2.2.3　知乎的引流路径设计

从知乎进行跨平台引流，其底层逻辑与具体技巧，前面都有叙述，而知乎平台上可以植入引流诱饵的曝光入口，如表 1-2-2 所示。

表 1-2-2　知乎平台上可以植入引流诱饵的曝光入口

曝光位置	引流方式	引流效果
个人主页-背景图	图片上带有诱饵介绍和联系方式,禁止植入二维码	弱，有违规风险
个人主页-一句话介绍	可以植入诱饵和公众号名称,禁止植入微信号和公众号 ID	一般，有违规风险
个人主页-个人简介	介绍账号信息,植入诱饵,附上公众号名称和获取方式,禁止植入微信号和公众号 ID	弱，有违规风险
个人主页-职业经历	格式：公众号名称(主理人),以隐晦的方式引流	弱
回答的中间和末尾	与回答相关联,在中间和末尾植入诱饵,附上联系方式和获取方式	一般，有违规风险
回答的评论区	在评论区投放诱饵和联系方式,提前在回答中进行引导	一般

续表

曝光位置	引流方式	引流效果
私信	在回答等内容形式的开头、中间或末尾引导用户私信账号，运营者提前设置关键词，或者人工回复获取诱饵的方式	一般
知乎专栏	在专栏文章的开头、中间、末尾、评论区等植入诱饵，附上联系方式和获取方式	一般
想法	在评论区互动过程中植入诱饵和联系方式	弱
视频	在视频简介、视频内容、评论区等进行诱饵植入，并附上联系方式和获取方式	一般

3 付费引流实操

付费投放是企业获客必不可少的手段之一。很多企业通过这一方式获取流量，然后通过精细化运营继续降低拉新成本。

有人或许会有疑问，付费引流需要运营吗？答案是肯定的，而且这是从事增长运营的人必须掌握的技能。为什么这么说？很多人听到付费引流会想到"投放"二字，会觉得这是渠道或商务人员才能做的工作，其实不然，增长运营也能做付费引流，尤其是从事新媒体方向的运营，更要懂得做投放，比如选择以公众号为主体的投放，因为它是新媒体运营体系的一部分。

本节就从公众号投放这一付费引流形式出发，总结一些实战经验。

3.1 确定产品

任何一种获取流量的方式都要有吸引流量的产品，这也是基本前提。以教育行业为例，用于公众号投放的产品主要有两种，一种是免费课，一种是低价课。

免费课顾名思义，就是不花钱的课程，用户看到后动动手指就能报名，目的是降低决策门槛。但这类产品投放出去后，获得的流量质量不一定高，比如某企业曾在一些公众号投放"扫码进群就能免费参加的一周训练营"，就非常容易被竞品截流。

目前投放免费课，能有效减少截流的方式是直接添加个人号，然后由个人号拉群。不过，免费产品肯定不能完全杜绝竞品广告的进入，所以还需要通过让用户付费来进一步降低截流概率（虽然也不能完全杜绝截流现象）。

低价课就是在免费课的基础上增加付费项后的产品，价格一般在 1～49 元。据我观察，同领域的低价课与免费课，在产品内容和质量上并无太大差别，甚至在报名后的运营服务上也类似，都是"开营—上课—转化—闭营"，只是精细程度不同。

关于投放产品，还有两个小细节：

○ 很多教育类投放产品会突出老师的个人 IP，IP 越强的老师越容易成为投放产品的核心卖点，比如某公司的引流课就长期突出某位名师的履历，引流效果不错；

○ 需要通过建群来运营的免费课或付费课，可以在用户进群后进行群裂变，但裂变后的用户质量难以评估（广告截流无处不在）。

3.2　筛选账号

筛选账号是公众号投放的第二步，从这里开始就进入具体的运营环节。关于账号的筛选，有三个基本原则：

○　账号粉丝画像和产品受众一致。这一点是选号的首要原则，你不可能选择一个大学生关注的账号投放亲子教育的产品；

○　尽量选择垂直领域的账号。越细分的账号用户越精准，其次才是相似粉丝画像的其他领域账号，因为其他领域账号的转化率肯定没有本领域的账号高；

○　鉴别账号的粉丝质量。从账号头条和次条的历史阅读量走势来鉴别粉丝质量，人为操作而来的阅读量走势往往是直线。

而对于账号的具体筛选，有两个步骤。

第一步是找资源，主要是找供应商，让供应商提供市面上所有符合你需求的账号，并且要明码标价，一般会以表格形式呈现。然后问清楚选好号后投放的具体流程和价格信息，比如是否需要签合同，是否允许先投放再给钱，是否能给予最大限度的优惠。

第二步是借助工具进行账号筛选，比如西瓜数据、新榜等。

使用这些工具找号的方法其实很简单，首先是利用公众号查找资源库里的账号，或者你喜欢的一些账号，重点看预估粉丝量、平均阅读量，然后看历史广告推文，最后做投前分析，看是否存在刷阅读量的情况。

其实，搜索竞品投了哪些账号，也是一个选号方式，但耗费的人力会大一些，比如我会关注头部在线教育公司都投了哪些号，经过分析后筛选出来做投放，有助于我们快速看到效果。

通过以上方式筛选到某个不错的账号后，可以打开公众号分析里的诊断功能，查看更详细的信息，比如选题比例、文章关键词、留言关键词等，这对于下一步的软文撰写很有帮助。之后再看公众号人群画像，重点查看年龄分布和地域分布情况。

这里要提醒大家注意选取账号的类型。对于一般产品，还是寻找该产品领域的账号为好，不要寻找泛领域和跨领域的账号。以教育产品为例，带有年龄关键词的教育类账号为上，垂直地域的教育类账号也不错，垂直学科的账号也可以，教育领域的名人账号也是一种选择。至于泛领域账号，尽量不要投放，不但价格昂贵且效果差。

3.3　软文撰写

软文撰写是影响投放效果最关键的环节，这部分值得独立撰文，我在《从流量到留量》里专门开设了一节，读者可以自行阅读，本节主要讲解软文撰写其他需要注意的方面。

先说选题。软文的选题其实要依据产品而定，并不是想写什么就写什么。如果驴唇不对马嘴，就很难让用户行动起来，所以一定要研究投放产品的卖点，从中寻找合适的切入点，再去匹配合适的热点，确定最终的选题乃至标题。

以教育行业为例，就我的经验和观察来说，教育类软文的选题无非两种：

○ 从学科痛点出发，可以关联的热点是教育政策，比如曾经很多语文产品的软文就使用"教育部规定中小学语文新课标"这一热点，我们在构思选题时可以沿用这一思路；

○ 从老师履历出发，可以关联的热点是名人故事，比如某明星英语学得很好，采用的就是某老师发明的方法，然后话锋一转去介绍老师，最后推出投放的课程。

其次是软文展开逻辑，主要有两种：SCQA 和 AIDA。

一个是 SCQA。所谓 SCQA，即"情景—冲突—问题—方案"，这就需要运营者对故事描述手到擒来，一个经典技巧是：曾是小白→后来成功→指出症结→引出产品。

另一个是 AIDA，即"注意—兴趣—欲望—行动"，需要精准把握用户痛点和产品特点，一个经典技巧是：明确人群→指出痛点→介绍案例→引出产品。读者可以自行寻找软文去拆解，基本都符合这两种展开逻辑。

引出产品后，需要对产品进行更具体的卖点描述，目的是增加所投账号的转化率，具体要依据产品本身来撰写，可用的技巧是影响力六要素，比如效果对比（承诺一致性）、用户证言（从众性）、理论体系（权威性）、价格锚定（互惠性）、限时限量（稀缺性）等，具体案例就不再赘述。

3.4 运营推广

运营推广相对而言比较简单，核心是确定每个投放账号的具体排期，然后梳理成一个表格，每个账号对应到投放日期、投放位置

（头条还是次条）、投放主题、投放标题、阅读量、成交量、转化率等，这个表格是数据评估环节的重要依据。如表 1-3-1 所示。

表 1-3-1　运营推广投放排期表示例

投放账号	投放日期	投放位置	投放主题	投放标题	阅读量	成交量	转化率
账号 1	4 月 1 日	次条					
账号 2	4 月 4 日	头条					
账号 3	4 月 7 日	三条					

在投放运营上，有几项内容值得我们注意。对于账号的投放顺序，在选号的时候要有一个大概预期，然后根据实际排期进行安排，优先投点赞/阅读比例高的，因为这类账号更活跃，转化率相对较高。不要依靠阅读量来判断，很多时候一两万阅读量的号比 10 万+阅读量的号更能出单，基本投放逻辑是：小号测试，中号批量和补量，大号偶尔冲量。

在所投账号运营上，尽量让对方分享到他所掌握的社群渠道和朋友圈渠道，很多时候我们需要和号主谈判，比如投放效果不好就要求用这样的方式补量，如果投之前能确保对方发文后直接转发且不收费，就最好不过了。

3.5　数据评估

每一轮投放结束后，都要对整体数据进行评估，目的是筛选出值得复投的账号，以及优化投放细节，比如软文标题、写作方式、卖点描述等，依据的核心数据主要有三个：转化率、Leads 成本和 ROI。

转化率作为软文优化的指标，参考频率最高；Leads 成本作为账号初筛的标准，迭代周期取决于投放频率；而 ROI 作为从投放到产品转化全流程迭代的重要依据，只有在经过对两三轮投放进行测算后，才能确定新的投放模型。

在数据评估时应用的表格一般如表 1-3-2 所示。

表 1-3-2　数据评估表格示例

投放账号	投放日期	投放位置	投放主题	投放标题	阅读量	成交量	转化率	Leads成本	ROI
账号 1	4 月 1 日	次条							
账号 2	4 月 4 日	头条							
账号 3	4 月 7 日	三条							

结合表格，依据这三个核心数据，对各投放账号及整体进行复盘分析，找出下一阶段投放的优化重点和渠道乃至产品方向，继续降低成本和提升 ROI，直至得到稳定且可接受的数据才算真正完成。

补充一下投放 ROI 的核算方式，仅供读者参考：

○　高客单价产品直投：产品单价×成交量/广告成本

○　引流品投放+高价品转化：（引流品成交数×引流品单价+高价品成交数×高价品单价）/广告成本

○　社群活动直投（以进群算有效用户）：进群量×单个用户价值/广告成本

第 **2** 章

留量促活与营销实战

随着互联网逐渐深入发展，企业想要低成本实现增长变得越来越难，流量贵、流量少、流量差这三个问题长期困扰大多数行业。从事运营和增长的人可能有更深刻的感受，他们常常会因为缺少新的渠道和流量而苦恼，同时还要努力应对日益增长的绩效要求。

穷则思变，无论是企业还是运营人和增长人，必须尽可能把每一处从公域获得的流量转化为私域留量，基于私域留量的运营增长将是未来企业发展的重点。

我将在本章总结一些迄今被验证能够有效地激活新用户、促活老用户及留量池的营销转化策略，供读者参考。

1 留量池新用户的激活策略

所谓激活，就是对从公域流量（也可以是企业内部最大的私域流量池）吸引来的用户进行有效沉淀，一般以公众号、社群、个人微信（逐渐转为企业微信）作为承接新用户的主要载体，所以需要结合这些载体功能设计有效策略，建立信任，减少流失。

有些企业考虑将新用户优先沉淀在 App 中，这样能更好地进行触达和服务，或者吸引到小程序注册账号，并结合公众号一起提供服务，所以基于 App 与小程序设计激活策略，非常有必要。

1.1 公众号激活策略

公众号是目前大多数企业沉淀外部渠道用户的首选载体，这类公众号的粉丝，也是企业最外层的私域留量，对他们进行激活，可以视作留量运营的第一步。

那么一般如何利用公众号激活新用户？最有效的手段是综合使用新人关注回复、客服消息、菜单栏等功能，给新用户展示有价值的内容和产品或能引导关键行为的活动。接下来主要讲讲如何利用新人关注回复、客服消息和菜单栏等激活用户。

1.1.1　利用新人关注回复

我们登录公众号后台，可以直接配置新人关注后要弹出的消息内容和内容形式，通常支持文字、图片、图文等，设置完成后，新用户只要关注公众号就可以接收到这个内容，同时也会按照内容提示完成我们指定的关键行为操作，完成激活。

新人关注后的激活玩法其实非常丰富，我总结了以下几种。

第一种玩法是纯文字消息，使用简短或者长篇的文字内容告诉新用户，要想得到新内容，需要完成什么操作，而获取内容和完成操作的入口，会以超链接的形式展现。

比如某教育公众号的新人自动回复，文案只有五行（有一行空白），激活新用户的方式为点击超链接领取学习内容，非常简单有效。

再比如某代理类公众号，新人自动回复的文案虽然略长，但逻辑很清晰，让新用户清楚地了解可以获得的价值，同时告诉新用户点击超链接即可获得资料。这里存在一个亮点，即超链接关联的是其他公众号编辑的图文，内容是带有其他公众号二维码的海报，目的显然是再次引流沉淀，以满足后续的运营需求。

第二种玩法是文字消息加上海报、二维码或图文链接，新用户扫描二维码或点击图文链接，会被引导至企业微信、小程序、社群等其他载体，领取有价值的内容、产品，参与活动或获得服务，这样既能激活新用户，也能为其他载体引流，实现多级沉淀。

比如某外语类公众号，新用户关注后会收到非常简短的文字消息，紧接着就是海报，其告知新用户扫码免费领取资料，包括单词、视频、音频等丰富且价值感十足的学习内容，扫码后显示老师的企业微信，添加即可完成领取。这是典型的利用资料激活用户，同时将其沉淀到企业微信的案例。

再如某青少年知识类公众号，也采用了相似的激活玩法，只不过是引导至小程序领取资料，不同之处是小程序在内容展现上更能体现价值感，用户体验也不错，而且小程序易传播的特点可以让新用户通过分享小程序，带来更多新用户。

第三种玩法是通过文字消息指引新关注用户到菜单栏领取新人福利，完成激活。

比如公众号"蛋卷基金服务号"，新用户关注后会收到绑定账号和领取福利两个动作指示，其中领取福利部分注明了清晰的领取路径：菜单栏—服务—蛋卷福利。新人福利是一门免费理财课，与账号定位和用户需求完美契合。我认为这是一种非常好的方式，能够有效地达成引导关键行为的目的。

第四种玩法是基于文字消息、图片消息、图文消息等实现的，具体来说，在新人关注后收到的消息中加上一系列需要回复的关键词，这些关键词对应的消息是提前配置好的，可以是多种形式，如图文消息、超链接和图片，内容可以是文章、资料、课程、优惠券、视频、音频等多种类型，具体根据用户需求而定。

1.1.2 利用客服消息

客服消息是公众号非常实用的功能，运营者可以通过这个功能给活跃的粉丝发送多条信息，并且可以做到主动定时推送，有效时间为 48 小时，超过这个时间就无法再次利用客服消息进行触达。那么，什么才算活跃的粉丝？只要用户关注公众号、扫描二维码、点击菜单栏、发送消息、完成支付等就属于活跃粉丝，可以触发客服消息功能。

正因为客服消息可以高频触达包括新关注粉丝在内的活跃粉丝，它才被当作有效的公众号激活与转化手段进行使用，成为近年公众号运营的新关注点。

几乎所有公众号运营工具的开发都基于客服消息功能开发的更强大的推送工具：SOP（标准作业程序，Standard Operating Procedure）推送计划，它可以根据用户类型和需求设计计划要推送的一系列内容，形成推送 SOP，按此执行就能达成运营目的。新人关注公众号后，一般会接收 5～10 条的客服消息，包含多种类型的福利活动和优惠产品，让新用户优先被激活和转化。

比如某教育类公众号，我在关注两天时间内就收到 5 条信息，多是提醒购买引流课的信息，也有免费领取实物礼品的裂变活动。

客服消息虽然让新用户的激活与转化变得更有效，但过分利用该功能很容易造成粉丝的流失，影响公众号长期留存。

微信官方在本书写作期间发布了新的客服消息规则，同时进行关注公众号、扫描二维码、点击菜单栏这三个行为的活跃粉丝只能在 1 分钟内收到 3 条客服消息，如果想重新收到正常的客服消息，必须向公众号发送会话。

所以，从激活新用户的角度来说，新人关注公众号后的消息提示一定要带有关键词，引导用户回复关键词就可以触发正常的客服消息推送，这将是未来比较有效的公众号激活策略。

1.1.3　引导参与抽奖

可以在客服消息和菜单栏放一个抽奖活动，吸引新用户参与，帮助完成激活。当然，重点还是抽奖活动的设计。

抽奖的逻辑其实很简单，先选定一个抽奖形式，然后设计赢取抽奖机会的任务。

首先看抽奖形式，有大转盘、九宫格、刮刮乐、摇一摇、抽卡片等多种玩法。据我观察，大转盘抽奖使用得比较多，需要将多种奖品比较均匀地罗列在圆盘里，指针停在哪里，就获得什么奖品。另一个用得比较多的抽奖玩法是九宫格，实际是另一种形式的大转盘，即一个特别亮的环沿着九宫格旋转，选中哪个宫格，就获得什么奖品。

其次是设计赢取抽奖机会的任务，这里涉及两个方面：第一，需要哪些任务；第二，每种任务要给多少次抽奖机会。

首先，一定要设置与留存相关的任务，因为很多公众号会和产品功能关联，所以可以让用户通过公众号使用产品，比如学习课程、领取奖品等获得抽奖机会。另外，公众号也需要为其他公众号或个人号导流，达成多层沉淀和提供有针对性服务的目的，比如关注其他官方服务号、添加客服助手等也能获得抽奖机会。

其次，完成难度越大、频率越低的任务，获得的抽奖机会就越多，比如关注公众号领取资料获得 2 次抽奖机会，添加个人号购买产品并使用获得 4 次抽奖机会等。

举一个例子，某职业教育公众号设计了一个抽奖活动，新用户关注后会收到小程序消息，点击后会看到九宫格，包含课程、资料及丰富的实物礼品，先提供 3 次抽奖机会，如果用完了可以下拉页面参与 3 个任务，分别是领取视频课程、资料包和实物图书。其实领取方式都是关注其他公众号，课程和资料包可以直接领取无须做其他动作。获得实物图书就比较麻烦了，既要关注公众号，还要完成邀请任务，所以奖励的抽奖机会是依次增加的。可以发现这个案例很符合我前面提到的抽奖设计策略，读者可以参考使用。

1.2 App/小程序激活策略

前文谈到的公众号激活策略，本节及后面的社群与个人号激活策略，都是以内容、产品、活动等符合用户需求而设计的增长抓手为基础的。本节将从增长抓手切入，分析一下广泛适用于 App 和小程序的激活玩法——新人礼包。

所谓新人礼包，就是新用户登录小程序、App，或者关注公众号、添加社群后，得到的专属福利内容，一般与产品挂钩，目的是引导新用户使用产品,体验产品价值,从而愿意留下来成为长期用户。

所以,新人礼包是非常重要的激活玩法,能极大提升新用户的留存概率。那么,一般有哪些内容可以作为新人礼包? 主要有三种: 产品优惠、权益试用、虚拟内容。

1.2.1　产品优惠

产品优惠是最主要的新人礼包形式,几乎所有产品都会把优惠作为新人礼包的首选,因为这是让新用户由激活状态转变为付费和长期留存状态的最短途径,而且也适合用于大规模的对外投放获客。

电商、外卖、团购、打车等领域的 App 和小程序,都会为新用户发放优惠券,而且是以弹窗的方式展现的,新用户领取之后可以购买产品或使用服务。

关于领取优惠这一步,有的 App 或小程序会直接展示优惠券,有的会以红包形式诱导新用户打开再跳转到优惠券页面领取,并且,优惠券都会有"立即使用"的文字提示。

以几个知名产品为例。

饿了么是外卖 App,新用户登录后会赠送三家店的优惠券,而且有明显的"立即使用"字样,这样可以让当时就有外卖需求的新用户下单,等外卖送到,新用户评价订单,才算彻底完成激活。

美团是本地生活服务 App,覆盖多种消费需求,比如团购、外卖、骑行等,新用户登录后可以获得抽取优惠券的机会,比如我就获得了抽取 5 元骑车优惠券的机会,这是一个不错的激活玩法。

瑞幸咖啡善于利用微信小程序为用户提供咖啡服务，新用户在登录小程序后，会得到 100 元的新人红包，实际是借助红包样式吸引点击，里面有多张优惠券，供用户消费时使用。

京东的激活玩法和上面三个案例略有不同，虽然也是用红包吸引注意力，但换了优惠形式，改为 1 分钱抢购，本质其实没有变化，只是取消了优惠核销过程，更有利于促进激活转化。

1.2.2　权益试用

另一个可用于激活新用户的增长抓手是用户权益。什么是用户权益？其实就是能让用户长时间、低成本地使用产品、享受服务、获取福利的商业模式。

最典型的权益类产品是会员，用户需要付费才能享受权益，而且有时间限制，到期必须重新付费，也就是续费。很多电商类、工具类、视频类、知识付费类 App 都有会员服务，比如淘宝月卡、爱奇艺会员、樊登读书会员等。

通过权益试用激活新用户的手段比较简单，直接赠送一段时间内本平台或其他平台的会员，到期后再引导用户付费。但这个环节又有一些不同的玩法，比如半价开通连续订阅会员、买一年赠一年、低价购买多平台会员等。

这里举一个赠送其他平台会员激活新用户的案例。

滴滴出行旗下有一个共享单车业务叫青桔骑行，新用户登录青桔小程序后会收到一个广告：免费领取 60 天骑行月卡（类会员产品），但是领月卡有一个条件，必须激活滴滴出行的金融产品。显然这个策略既激活了青桔的新用户（领月卡就可以骑车），又成功为其他产品引流，可谓一石二鸟。

1.2.3　虚拟内容

虚拟内容是知识付费和在线教育平台常用的激活新用户的抓手，因为这两个领域的企业能为用户提供的价值是知识服务，只有新用户登录后被引导体验学习模式与学习服务，才有机会完成激活。

虚拟内容主要分为两类，一类是电子资料，一类是线上课程。

以某职业教育企业为例，其面对的用户有很强的备考需求，于是平台准备了丰富的电子资料作为激活手段。激活的过程与前面讲到的案例不同，新用户领取后会跳转到小程序，最终被引导关注公众号获取资料。这说明其激活的实质是跨平台引流，目的是进一步沉淀新用户于公众号，之后再借助客服消息功能推送体验课，完成真正的激活。

使用资料激活新用户还有一种玩法，即用户登录后发放积分，提醒用户使用积分兑换资料。比如某素质教育小程序"星光资料站"，新用户会收到一定数量的金币，领取后进入资料页面，可以直接兑换感兴趣的资料。另外，会有广告位投放免费课，用户可以被动地转化成新用户，达成激活目的。

再来看使用线上课程激活新用户的例子。平台一般采用免费或超低价体验课吸引新用户报名，然后通过迭代服务流程，提醒用户听课和完成作业，保障一定的完课率，实现激活，为后续的转化和留存做铺垫。

比如某头部职业教育公司，会给新用户推送 1 元的短期课程，提供 5 天的学习内容与服务，还有学习礼盒相赠，性价比超高，而新用户经过学习后，只要该品牌课程给用户留下的印象还不错，用户就有可能购买长期课程。

1.3 社群/个人微信激活玩法

与公众号、App、小程序一样，个人号和社群在激活新用户方面几乎是一致的，比如添加个人号会自动发放介绍资料包内容的图文链接，或者进群后发放产品优惠券。但略有不同的是，个人号和社群还可以从了解用户与构建氛围的角度设计不太一样的激活方式。

1.3.1 问卷测试

从了解用户的角度出发，可以给新用户发放问卷，目的是了解新用户基础信息、真实需求和实际水平。

比如某职业教育品牌就利用"社群+个人号"的方式服务用户，新用户要么先加个人号然后被拉进群，要么先扫码进群然后被动引导添加个人号，无论哪种路径，都会被提示填写问卷或参加摸底测试。新用户填完后，运营者会根据结果进行用户分层，也会与部分新用户深入沟通，了解更具体的问题，便于后续有针对性地运营，给用户带来超预期体验。

遗憾的是，这种激活方式运营成本很高，而且需要一定的专业性，所以在实际应用中，一般会把问卷测试做得相对简单，然后在社群服务开始前公布结果，作为活跃氛围的抓手。

1.3.2　自我介绍

从构建氛围的角度，可以引导用户做自我介绍。具体玩法是提前提供模板，然后引导群内用户以接龙的形式发送自我介绍，模板可以是文字模板或者视频模板。这样可以让群成员之间形成互动，初步建立信任关系。

某知识付费企业用自我介绍的方式激活新用户，具体玩法是先发放通知，准备开展自我介绍，介绍内容包括个人的履历、特长和想学习交流的问题，还可以展示才艺，要求用户以视频的方式发到群内，这里利用了用户自恋和炫耀的心理。除此之外，老师会点评、表扬发送自我介绍的用户，并且给予学习资料，激活效果显著。

1.3.3　信息引导

用户进入社群或添加个人号后，企业可以第一时间告知用户活动是什么，有什么要求，让用户知道自己需要做什么，不然容易导致用户沉默，甚至流失。

比如用户进群后，可以用公告的形式告知课程介绍、学习安排、学习福利、报名方式、学习规则等内容，或者制作入学通知书，发送包含主讲老师信息的图片，里面标明课名、大纲、时间等，颜色鲜艳，更容易引起注意。

1.3.4　发送福利

对于社群激活来说，为了能进一步提升新客留存率，企业会经常发放福利给新用户，一般有两种发放方式：关键词领取和添加个人号领取。

先说关键词领取，我曾体验过一家在线教育公司的群激活活动，用户进群后，通知用户回复一系列关键词就可以获得对应的资料、文章、课程等，效果很不错，能显著提高运营效率。

添加个人号领取是另一种常见方式，其好处是方便再次沉淀用户，甚至可以直接转化，而且从社群到个人号的引导，只要通知及时，流失率还是比较低的。比如某家职业教育公司就对新进群的用户发出提醒，要求添加好友领取新人资料，附带推送个人微信名片。

以上就是各留量载体可用到的新用户激活玩法，读者可以酌情参考使用。

2 留量池老用户的促活玩法

经过激活的用户大概率会进入长期留存状态，但这不意味着它可以自己保持活跃。一般来说，活跃用户的比例非常低，必须利用额外的运营手段或机制，提高活跃用户的比例，只有这样留量池才有更多变现和增长的机会，我将这方面的工作称为"老用户促活"。

接下来我将总结公众号、App、小程序、社群、个人号及多载体综合运营的促活玩法。

2.1　公众号促活玩法

公众号的促活玩法有很多，其中签到积分玩法的效果较为显著。

签到是公众号非常重要的玩法，门槛低，易上手，结合积分兑换奖励功能，能有效提升公众号粉丝活跃度和留存率。

在设计签到玩法时，首先要设置一个粉丝可以签到的入口，常见的入口是菜单栏或者客服消息推送；其次是明确对签到行为的具体描述，粉丝做什么动作才算签到成功，比如回复关键词获得海报并转发，或者回复关键词获得学习课程的入口去听课，当然实现这些玩法的前提是确保可以监测到签到行为；最后是设计签到对应的奖励，可以是每天签到获得积分，然后按连续签到天数获得额外积分，积分可以在商城兑换礼品，以此激励粉丝，形成签到循环。

荔枝微课就以签到作为公众号促活的手段。

具体玩法比较简单，菜单栏有一个"今日签到"的参与入口，粉丝点击后，就会收到客服消息，提示签到成功并提供一张日签海报，粉丝可以转发海报吸引好友关注，接下来两天内会收到提醒继续签到的客服消息，其中会有蓝字"我要签到"，粉丝点击后，会自动给公众号发送"我要签到"的消息，并收到签到成功的提示和日签海报，完成签到。如果连续两天用户都没有继续签到，则不会再提示，因为已经不再满足客服消息 48 小时内触达的要求。

从运营的角度来说，这个案例中的签到玩法非常基础，对公众号的实际促活作用有限，有很大的改进空间，比如加入积分奖励和兑换机制，或者与知识付费课程结合，效果会更好。

2.2　App 小程序促活玩法

App 与小程序的用户留存，在很长时间里是增长工作中非常核心的部分，尤其是在一些互联网巨头旗下的 App 或小程序，留存是重中之重，只有留存率上来了，变现才会变得可持续。

本节会通过几个案例来讲解 App 与小程序常见的促活玩法。

2.2.1　闯关游戏

第一个常见的促活玩法是闯关游戏，非常适合 App 和小程序，它的底层逻辑是给用户制造高频的游戏化互动，并且带有竞争与陪伴性质，能极大提升用户的停留时长，提高用户活跃度。

那么，如何设计一个闯关游戏？一般需要满足以下几个方面的要求。

第一个方面，闯关形式要简单有趣。闯关的形式非常多样，比如掷骰子、拼接碎片、消消乐、答题对战等都是简单有趣的玩法。

第二个方面，有清楚的奖励和晋升规则。以闯关游戏为例，游戏必须有足够多的奖励和满足用户虚荣心、荣誉感的晋升体系。奖励以虚拟内容为主，如积分、优惠券、电子学习内容、实物礼品兑换券等。晋升体系有基础形式和高级形式之分，基础形式就是等级，比如 1 级、2 级，给用户带来的荣誉感较弱；高级形式则是勋章搭配权益，勋章是带有响亮称号的图案，以凸显用户的等级，权益则是帮助用户降低闯关难度或包含丰富奖励的内容。

第三个方面，用道具帮助用户降低难度，提升参与率。闯关游戏前期比较容易通关，越往后越难，这就需要有道具支持，否则用户很难坚持下去，也必然会影响留存效果，所以必须用道具来帮助用户。具体的道具玩法可以根据闯关形式来定，比如在消消乐形式的闯关游戏中，可以提供清理卡，一键清理所有东西，在答题关卡则可以提供复活卡和跳题卡，答错难题可以复活，遇到难题可以跳过，从而提高通关概率。

　　微信读书为了提升留存率和活跃用户，设计了答题形式的闯关游戏——每日一答，如图 2-2-1 所示。它以瓜分百万无限卡和书币作为诱饵吸引用户参与,形式为选择题作答,每一关有 12 道题。闯关过程中有三个道具可以降低难度,分别是换题卡、跳题卡和续命卡。

图 2-2-1　微信读书每日一答

闯关成功会提升等级，也可以获得称号，比如伴读书童、快乐秀才等，更有积分商城，可以使用闯关积累的积分兑换奖励，包括抽奖机会、无限卡、书币、书籍、道具等，能进一步提高闯关动力，持续降低闯关难度，让用户愿意持续玩游戏，用户获得的无限卡和书币可以用来消费，为微信读书贡献价值。

可以发现，微信读书的每日一答完全符合上面提到的三个方面，是非常典型的闯关游戏玩法，值得借鉴。

2.2.2 积分任务

第二个适合 App 与小程序的促活玩法是积分任务，它和公众号促活常用的签到积分有着相似的原理，这里不再赘述，但是，对于 App 与小程序来说，用户可以完成的行为并非只有签到，而且完成签到和其他任务获得的奖励也不一定是积分，也可能是会员、优惠券和现金。

我们分别用三个案例来进行分析。

积分任务中最典型的案例当属樊登读书。

它有新手任务、学习任务和日常任务，其中学习任务和日常任务是与留存息息相关的。日常任务以签到为主，连续签到有积分递增奖励，一周内完成 5 次签到还有额外积分奖励，签到奖励积分的方式，可以保证樊登读书拥有基本的用户活跃度。学习任务以周为单位，要求用户学完一定时长、读完一本书、听一本精读和评论 3 本精读，这些任务的目的是增加用户黏性，加深真实留存。

前面提到积分任务玩法也可以不奖励积分，而采取其他激励方式，比如得到的虚拟币和优惠券，美团奖励的金币则可以用来兑换现金。

得到以签到作为获得奖励的主要方式，以此来培养用户的学习习惯。它把奖励分为 13 档，最低一档需要连续签到 7 天，奖励 3 个得到贝，最高一档需要连续签到 365 天即 1 年，奖励一枚实体勋章，期间还有优惠券、听书会员和电子书会员等其他奖励，任务难度和奖励设计得非常清楚，非常考验用户黏性，并且能对参与任务的用户做分层。从官方展示的数据看，每一档任务的完成人数呈半数递减，截至本书写作之际，第八档任务还没有人能够完成。

美团采用的是和樊登读书相似的促活方式，但是直接奖励现金，活动叫天天赚钱，这比较符合美团用户的需求和属性，更有助于促活。每天签到奖励 20 金币，金币可以累积。除此之外还有其他小任务，可以帮助获取金币，比如访问小程序、浏览频道等。用户可用金币到页面下方兑换现金，也能换取优惠券，间接促进消费。

2.2.3　内容征集

除了游戏和任务，内容也是非常重要的促活手段，但这里的内容不仅仅指提供文章、资讯、视频等 PGC（Professional Generated Content，专业生产内容），也包括 UGC（User Generated Content，用户生产内容），尤其是官方主动发起的征集活动，能够引导用户参与从而创作内容。

想要设计有效的内容征集活动，必须注意两个方面：一是征集内容的主题，最好能将品牌内涵、产品功能与市场热点相结合；二是对内容设置评选机制，并给予相应礼品进行激励，最常用的方法是引导用户点赞或投票，然后根据投票排名发放奖品。

某 App 就在端午节发起了内容征集活动，要求用户通过查资料等方式进行以端午节为主题的手抄报创作，呈现方式为拍照。除此之外还设计了三种奖励方式，第一种是审核奖励，平台奖励积分；第二种是点赞奖励，邀请好友点赞，排名前十则奖励水彩笔；第三种是评审团奖励，获评最优作品的三名用户分别奖励一支钢笔。

对于以提供内容为主的 App 来说，可以较高频地设计内容征集活动，不仅能提升用户活跃度，也能对品牌宣传、口碑外化、用户归属感等起到强化所用。

2.3　社群与个人号促活玩法

社群与个人号实际上是大多数运营驱动型企业最重要的留量池，比如教育行业，其大部分增长与运营策略基本就是围绕社群和个人号展开的。本节主要总结几个容易落地的促活策略。

2.3.1　分群运营

促活的本质是，设计有针对性的运营策略，培养用户的行为习惯，从而保持用户活跃度，提升留存率，所以平台最好能针对不同类型的用户群进行促活，对于社群这样的流量形式，最好的策略就是分群。

　　依照不同的用户类型、筛选标准或运营定位，可以分成好几个不同的群，以教育领域为例，可以按照年级、地区、科目、能力、目的等分开建群、制定策略：

　　○　按年级分：小学×年级学习群、初中×年级学习群、高中×年级学习群、大学×年级学习群等；

　　○　按地区分：按省份建群、按省会建群、按城市区域建群等；

　　○　按科目分：美术学习群、音乐学习群、编程学习群等；

　　○　按能力分：小白学习群、初级学习群、中级学习群、高级学习群等；

　　○　按目的分：流量群、转化群、会员群、服务群、核心用户群、资源对接群等。

　　以上是主要的几种分群策略，但并不是唯一的标准，且适用的业务情况也不尽相同。

　　比如拥有多条产品线的运营团队，想要建立长久的用户运营群作为各条线初期发展的流量池，可以按照年龄、地区、科目等一个或多个维度综合划分群组，为每个产品线建立多个更精细、定位更精准的流量池，满足长久性运营规划需求。

　　再如拥有几十万付费学员的平台，要想通过更有针对性的服务来打造口碑，以及方便通过后续留存和复购再创收入，就必须按照能力划分群组，根据学员测试水平，分别拉群，提供服务。

　　而对于从事增长方向的运营人员来说，主要需要了解的分群策略是按目的建群及运营，它不但适用于单一产品线的社群规划，也能帮助企业建立起完整的社群运营框架。有了这个框架，再按照用户属性中的多个维度建立小群，社群的促活就会事半功倍。

接下来讲一下较为常见且具体的按目的分群的策略，一般分为流量群、转化群、长期群和快闪群。

所谓流量群，就是通过裂变活动搭建起来的社群，运营这种社群，可以提供短期较轻的服务并进行转化，但结束活动后必须做出相应处理，可以先导流至长期群，然后根据实际运营精力选择长期轻运营或者解散。

转化群，顾名思义，是为了转化而成立的社群，因为流量一般来自投放的具有体验性质的引流品，比如在线教育领域的低价训练营。建立这种社群的目的就是便于提供体验服务，而潜在用户经过这样的筛选才可能愿意购买高价品。转化群过了服务期也要进行处理，整体逻辑和流量群类似，但稍有不同。转化群往往为一个品类而建，而用户会存在复购需求，所以会二次转化到其他产品，这之后才引导至长期群，最后根据实际运营精力，选择长期轻服务或解散。

长期群是为沉淀企业大多数潜在用户而建立的，包括会员群、资源群、核心用户群等其他属性的群，而长期群的促活正是社群留量运营的核心。

长期群的运营（核心目的就是促活）策略有三种：规划长期内容喂养、设计游戏化积分体系、组织周期性的快闪活动。前两种会在后面两个小节展开，第三种涉及第四种社群：快闪群。

快闪群是从长期群甚至流量群、转化群中吸引一批用户而单独建立的，群存在的时间很短，具体要看活动的时长，到期就会解散。快闪群对应的活动有多种，比如直播讲座群、福利秒杀群、共读打卡群、直播带货群、免费听课群等。

我和本书的另一位作者曾组建了一个针对教育行业运营人的社群，叫野生运营社区。我们通过在公众号输出有价值的内容建立起几千人的长期社群，除了设置基础群规和发布日报，很少做多余的事，更多的是让大家自由讨论，我们有时会参与其中。但是只要接触过社群运营的读者应该都知道，这样运营很难保证用户长时间活跃，所以我们设计了两个快闪群形式的活动：大咖分享和圆桌讨论。两个活动都是每周举行一次，每次都单独建立社群，存在期为3到5天，每一期沉淀下的内容都会整理成文章发在公众号，并分享至长期社群，形成了促活的抓手。另外，每一期活动都会在公众号宣传，所以，经常有新用户报名，在解散短期群时也会提醒新用户进入长期群，长期群会因为经常有新成员加入而被激活，这算是快闪群带来的另一种促活效果。

最后总结一下分群策略的基本思路：将整体社群按照流量群、转化群、长期群和快闪群四种类型进行划分，然后由流量群和转化群向长期群导流，并按照用户属性对长期群进行精细化分层和运营，最后利用高频的活动建立快闪群，为长期群提供稳定的促活抓手。

2.3.2　内容喂养

前面提到，长期群促活的方式之一是规划长期内容喂养，这里有两个关键词：规划和内容。

所谓规划，指按照用户需求、运营目的、活跃周期等制订可执行的时间规划表。至于内容，就是基于时间规划表的文字、图文、视频、音频、直播甚至是活动。不过，该促活策略不应该只注意规划和内容两方面，还要注意多级沉淀。

所谓多级沉淀，就是不仅仅将用户留在社群，同时也要留在个人号、订阅号等，通过对这几个载体制订彼此协同的内容喂养策略，使社群的留存效果最大化。

不同载体对应的内容促活策略，如表 2-2-1 所示。

表 2-2-1　不同载体中的内容促活策略

载体	促活内容	促活周期	沉淀层级
社群	早晚报、日签、文章、短视频、资料	每天更新，每周提前规划	第一级
	直播、有奖问答、抽奖活动	每周一次，每月提前规划	
	打卡活动	两周一次，每月提前规划	
个人号-私聊	资料合集、直播、抽奖、打卡、调研	每周群发 1～2 次 内容按重要性筛选	第二级
个人号-朋友圈	7:00—8:00，早安金句、日签 8:00—9:00，文章、短视频 10:00—14:00，活动预告 15:00—16:00，资料、调研、抽奖 17:00—18:00，活动倒计时 19:00—21:00，活动相关动态 22:00—23:00，晚安金句、文章	每天至少发 3～5 条 每周提前规划	
订阅号/视频号	文章、短视频、资料、活动推广	每天更新，每周提前规划	第三级

举一个我曾经操做过的案例，来说明内容喂养对社群促活的重要性。

当时我正在做素养微课项目，正值暑假来临，需要准备一个促活方案提升微课相关群的活跃度，提升整体参课率，以及引导群内潜在用户购买微课。

微课相关的群是以资料和答疑为诱饵建立起来的，属于长期群，是微课项目的流量池。既然群的定位很清晰，建群目的也很明了，那我们只要制定策略即可，我选定了以内容喂养为核心的促活方案：

○ 每天发布当天微课的课表，带上二维码，为微课导流；

○ 每天发布知识日历卡片，引导回复关键词打卡；

○ 每周提供两个与微课有关的题目，引导回答互动，每群满20人回答，就奖励资料；

○ 每周发一篇文章，以素养知识和家庭教育话题为主，组织讨论学习，每群满 5 人讨论，就奖励资料；

○ 每晚发布和微课有关的知识音频；

○ 每周提供讲座录播，分年级推送，组织分享听课心得，每群满 5 人讨论，就奖励资料。

该方案的实施时间超过两个月，这期间，我对部分内容做了调整、优化甚至删减，但整体效果非常好，大大提高了社群活跃度，微课出勤率有所提升，销量也超出预期。

2.3.3　游戏化积分制

游戏化积分制是最有效的社群促活手段之一，它能最大程度唤起群成员的积极性，而且利用积分奖励绑定群内高频行为，能有效培养用户习惯，从而提高留存率和活跃度。

在设计整个游戏化积分体系时，必须注意以下几个关键点：

○　准备一个能统计所有社群基础行为的工具，目的是提升效率；

○　列举一切可以积分化的、与社群活跃、社群增长有关的行为，并进行分类，统计哪些能自动计分，哪些要通过人工计分，这样可以有针对性地围绕某一目的设计具体策略；

○　有清晰的等级晋升制度和排行榜通晒制度，目的是让竞争可视化，提升参与度；

○　有清晰的额外奖励积分与扣除积分的规则，有最低积分门槛，有淘汰制度；

○　有丰富的实物奖励，能建立积分兑换商城。

我曾加入一个行业社群，里面设计了一套规范的积分促活玩法，我将规则进行了梳理，读者可以自行体会。具体规则如图2-2-2所示。

在以上规则中，发言、签到、阅读和点赞群精华，属于用户每日的操作行为，这样可以让潜水用户也愿意偶尔出来"划划水"，群内意见领袖愿意提建议、参与话题讨论、当嘉宾等。所以在群运营初期，这种积分奖励很适合用来挖掘一批 KOL，从而有效延长积分促活效果。打赏和悬赏一般在嘉宾分享、诊断会等促活项目中使用，像直播间粉丝给主播打赏的效果一样，在群内引导用户花掉积分，也能炒热群内氛围，提升活跃度。

群内动作	具体积分
发言	2 分
签到	5 分
阅读群精华	2 分
点赞群精华	1 分
评论群精华	2 分
提建议	50 分
话题讨论、诊断会	20～50 分
分享嘉宾	108 分
志愿者	500 分
推荐好友	300～1288 分
打赏和悬赏	随机

图 2-2-2　积分促活玩法规则示例

另外，该社群以月为单位通晒积分排行榜，并会让积分大于基础积分门槛的成员兑换奖品，包括实物周边、职场课程、付费会员等，以此作为维持群内活跃状态的回报；而低于基础积分门槛的成员会被淘汰，清理出群，说明他们并未做出相应贡献，需要引入新的成员保证活跃度。之后，全体成员积分清零，下个月重新计算并考核，至此形成动态体系，维持社群运转。

在我的印象中，该社群存在的时间已有两年之久，且长期维持相对活跃的状态，虽然比起初期热度略有下滑，但已充分说明积分体系对社群的促活作用，证明了该策略的成功。

　　不过，除此之外，社群促活还需要运营者主动与群内成员交流沟通，或者提前接触意见领袖，按剧本互动。只有采取合理的运营策略，才有机会让社群保持长期活跃的状态。

3 留量池营销转化实战

留量池经过激活与促活留存之后，就可以考虑投放产品进行变现，但直接推广产品很难产生转化，这就要设计营销活动或优惠策略增加转化率，让用户自然而然地付费。

本节重点介绍社群留量池的营销模式，这是因为利用社群促进转化已是大多数企业的标配，目前主要有两种模式：建体验服务群转化、朋友圈导流快闪群转化。

3.1 建体验服务群转化

很多企业都有体验性质的产品，尤其是重视内容、服务等方面的行业，比如教育行业，其大多有专门的体验课，通过设计完整细致的服务流程，可以轻松转化高意向用户。

这里拆解一下教育社群的服务转化流程，以启发读者，其他行业亦可借鉴。

3.1.1 开课仪式

开课仪式的本质是感召，目的是通过塑造群成员的仪式感，引起成员重视，提供初期信任。

开课仪式的常规流程：提前一天进行倒计时预告，引起群体注意，当天正式开启仪式，一般包括规则介绍、课程介绍、老师介绍、学习安排、行为规则、行为奖励、上课方式、有效期限等常规内容。比如某成人教育品牌的开营仪式非常简单，由老师在群内举行讲座或班会，提前让老师与群成员建立信任，为接下来的正式课程做准备。

开营仪式后，为了让氛围更浓厚，进一步激发活跃度，可以设计宣誓接龙环节，比如让用户复制运营者提供的文字，带上自己的名字，发到群内即可，这种利用群体效应的玩法，非常适合社群营销环境。

3.1.2　正式服务

基于社群环境设计服务环节，是体验课实现转化的核心，其流程包含三个部分：预习、听课、作业。

（1）预习

预习包括上预习课和做课前测两部分，目的是让用户简单了解课程、老师及自己的水平，方便带着问题进行正式的学习，从而产生期待，这也为正式课程做了铺垫。

比如在每一次正式课程开始前，用小程序发布预习课和课前测，并要求成员打卡，同时发布老师录制的预习短视频，内容需要有趣味性。

（2）听课

每天发布课前预习后，要预告课程内容，并提醒群内成员正式上课。上课一般有两种形式，直播和录播解锁，接下来重点讲解这两种形式的逻辑。

直播是目前非常普遍的形式，体验好、互动佳，非常利于转化，容易产生线下上课般的感觉。一般直播的营销逻辑是：抛出问题→指明痛点→举例题目→给出方法→用户证明→推荐课程。

有的直播会结合学科知识进行营销，给予用户成就感，流程如下：预习讲解→讲解知识点→例题互动→例题讲解→现场练习→讲解习题→知识总结→课后作业→推荐课程。

除了直播，录播解锁也是常见的形式，多用于素质教育产品，还可以借助 AI 互动功能，让用户获得更好的学习体验。以某素质教育品牌为例，其八天体验课程，用户可每天解锁一节，除了第一天的课是学前必读，后面每一节都分成三个学习环节，学完一节才能解锁下一节。

（3）作业

每节课上完后，成员要进行复习，完成课后作业。复习一般用导图卡片、文字的形式，将其发给群内成员，而作业的形式有很多，比如在小程序做课后测试题，录制动手完成的过程等。

除了复习和作业，还有打卡环节，用以证明用户完成了课程的学习，并且要生成图片和话术，便于用户转发，有的群还设置了打卡奖励，进一步刺激学员分享。

3.1.3　群内转化

经过服务环节后，就可以对群成员进行转化。一般来说，转化在全部课程结束后进行，这样做的目的是保证用户有了良好体验后，能够主动付费。但在实际执行时，用户会比较犹豫，很容易导致转化率低。

通常社群转化节奏是这样的：从正式服务过程的初期开始转化，差不多从第二节课开始，一直持续到结课仪式，当每节课快结束时，在听课页面、社群、朋友圈等，都要进行广告展示。整个过程还要使用一些优惠策略与互动玩法，如图 2-3-1 所示。

图 2-3-1　社群转化过程中的优惠策略与互动玩法

3.1.4　结课仪式

结课仪式与开课仪式的本质一致，但目的是为最后的冲量转化做铺垫。

结课仪式的常规环节有：

◯ 对过去的课程进行总结，较为有趣的方式是采用接龙问答的形式；

◯ 颁发结课荣誉证书，供群成员发朋友圈；

◯ 发布彩蛋和福利，给完课学员发放奖励；

最后，介绍所售卖课程的研发体系、名师履历、用户证言、优惠措施等，并利用内部用户发起团购接龙，进行晒单，形成从众效应。另外在结课仪式后的一周内，通过社群、私聊、群发、朋友圈等渠道密集推广，完成收尾转化。

精细化的 SOP 执行流程，如表 2-3-1 所示。

表 2-3-1　精细化的 SOP 执行流程

具体环节	社群	个人号	朋友圈
开课仪式	发布分割线和标注语，便于"爬楼"； 介绍开课仪式流程； 介绍品牌信息、老师履历、课程大纲、时间安排、学习方式、奖励规则，展示奖励物品； 汇总核心内容，包括时间、上课方式和主要规则； 号召学员自我介绍，发起第一次互动打卡	提醒群内成员爬楼查找开营仪式的内容	预告开营仪式，发布预告海报
正式服务	发布预习视频、课前测打卡，引导成员回复关键词签到； 发布学习主题、学习任务、听课链接，引导回复关键词； 发布知识点总结，引导回复关键词； 发布作业打卡，表扬个别成员； 提醒看当天及以前的回放，补卡，引导回复关键词	发布预习视频、课前测打卡； 发布学习主题、学习任务、听课链接； 发布知识点总结、作业打卡； 提醒看当天及以前回放，补卡，反馈当日学习情况	发布优秀学员作业、受表扬的截图，附带品宣文案

具体环节	社群	个人号	朋友圈
群内转化	发布报课名称，介绍课程体系和品牌背书，引导用户发客户证言； 发布价格折扣、下单福利、复购福利、限购措施等信息，引导用户晒单； 公布获得优惠的方式和购买链接； 要求加好友领取购课福利和诊断名额，引导用户接龙	发布优惠信息和购买链接，询问需求意向	发布体现口碑好或热销的文案，配上群内截图和购买入口
结课仪式	发布课程总结、优秀学员名单、毕业证书和完课奖励； 介绍报课信息、优惠信息，发布购买链接； 发布接龙话术，引导用户接龙和晒单； 提醒回放补卡、私聊领奖，引导回复关键词； 宣布社群解散时间	介绍报课优惠信息； 发布购买入口； 提醒看回放和补卡； 提醒领取诊断名额	发布倒计时优惠信息，提供购买入口

3.2　朋友圈导流快闪群转化

前面在讲解社群促活时提到，我们可以将社群用户进行再沉淀，比如添加个人号，这是很多企业都在做的事情，尤其是私域概念兴起之后，这已慢慢成为标配。面对这些以"社群+个人号"为主的私域流量，可以将两者综合起来设计转化策略。

对于个人号来说，最核心的方式就是朋友圈营销，毕竟朋友圈是私人广场，通过精细的内容营销，可以有效筛选精准用户。社群则是集中转化的场所，流量基本来自朋友圈，可在其中设计有趣的营销互动玩法，为大家提供满足需求的实惠产品，最终完成流量收割。

基于以上逻辑，就有了本节要讲解的留量转化玩法：第一是朋友圈导流，第二是快闪群成交。

3.2.1 朋友圈导流

朋友圈可以发布多条信息，可以删除和修改，限制少，这样就有很大的发挥空间。我们可以设计一整套内容发布策略，类似于剧本，即朋友圈营销剧本，将好友的胃口吊起来。

逻辑是：先发布一系列相互衔接的内容，引起用户的好奇；然后，让用户给每条内容点赞或评论，目的是筛选用户；再然后，自己给朋友圈点赞评论，反复提醒互动过的好友；最后，发布快闪群活动及报名方式，将预热推向高潮，完成导流。

这一套流程经过梳理，如表 2-3-2 所示。

表 2-3-2　朋友圈导流流程

发布时间	导流环节	具体操作	目的/效果
第一天	需求调查	发起一个关于用户需求的小调查，比如"大家想要什么权益/产品/折扣等，在下方留言，得票最高就满足大家"或"最近我在策划一个某活动/产品，大家感兴趣可以评论，留下你们的想法"，要求评论或点赞投票	了解有多少人感兴趣及他们的需求
第二天	公布结果	通知大家上次的调研结果，并告知活动/产品的大概推出时间，做一定程度的剧透，依旧要求点赞，观察关注度	引发兴趣，进一步筛选用户
第三天	通报进度	大概描述活动/产品准备到什么程度，适当介绍准备工作的细节或产品样图，并进一步透露相对确切的上线时间。 可以多发几条内容，有专门突出活动/产品细节亮点的图片，也有表明准备过程很辛苦的话术，比如"加班策划方案""挑选多家合作商""熬夜测试"等	展示诚意，让用户感动，并产生期待

续表

发布时间	导流环节	具体操作	目的/效果
第四天	有奖预告	告诉用户本次活动/新产品即将上线，让大家记住什么时间开始，提前做好准备，别错过。引导点赞，从点赞的用户中抽奖，比如"第几名点赞会得到什么奖品"，在活动正式开始前领取。这个奖品也可以和快闪群下单有关，比如被抽到的用户可以在下单时获得某个福利。抽奖结果用单独一条内容公布	逐步将用户期待拉高，提前制造气氛，将预热推向高潮
第五天	正式发布	在开始前 6 小时、2 小时、半分钟各发一条内容，采用倒计时相关的紧迫性文案触达用户，最后一条发布正式的活动开启文案和进群入口	用户期待达到最高，活动正式达到高潮，用紧迫感实现最大化导流

3.2.2　快闪群成交

我发现很多社交电商、新零售品牌都采用快闪群运营用户，因为快闪群的成交流程本质是社群运营过程，也需要 SOP 来辅助执行，高效出单。

快闪群常规 SOP 流程如表 2-3-3 所示。

表 2-3-3　快闪群常规 SOP 流程

运营环节	具体操作	目的/原理
进群预告	开始前 2 小时，根据进群速度，每隔半小时发一次群公告，告知活动流程。提前安排内部用户，预热氛围。	激活
预热红包	发多个小红包，炒热气氛，提醒大家准备参与活动。可以用红包提醒用户回复关键词，引起刷屏，进一步炒热氛围。发完红包后，暂停一两分钟，让大家安静，然后介绍活动规则与权益。	吸引注意

运营环节	具体操作	目的/原理
团购接龙	开始陆续介绍要售卖的产品，卖点信息包括品牌、产地、原料、价格、附赠福利等，单个商品的介绍不要太长，3～5分钟即可。 每个商品介绍完就发布预团购接龙，用户按顺序补充自己的名字并续发接龙信息，这里先由内部用户引导。 另外，内部用户要按剧本开始提问，与管理员互动，带动其他有真实需求的用户提问，把这部分用户尽可能筛选出来。	借助从众效应，促进成交
订单刷屏	在每一个团购接龙结束后，发布正式的购买链接，过一会儿就让内部用户带头发订单截图，并说明群内晒单有额外奖励，比如赠送高价礼品的抽奖机会，让真正付款的用户愿意跟着发截图，在群内刷屏。	
倒计时促销	告诉用户这些产品优惠仅限当天，还有多长时间优惠截止，或者说一共有多少产品，库存还剩多少，即将售完，抓紧下单，这里可以把提前准备好的倒计时促销海报发出来。 如果采用限量策略，库存不要报多，每个产品限量 200～500 份，具体看活动人数；如果采用限时策略，时间不要太长，每个产品控制在半小时内。 如果群内销量达成一定目标，可以用加赠的方式，促进用户尽快下单，比如"销量到××，额外加××份或送××产品"，但是目标不要定得太高。另外，初次活动不建议使用该方式。	体现稀缺性，制造紧迫感
售后追踪	活动结束后将群解散，还可以这样操作： 第一，发放问卷，进一步了解用户需求，也为下一场活动做准备； 第二，引流分层，预告下一期活动，让想继续参加的用户私聊，确认意向，并打标签，方便后续运营； 第三，准备海报，发朋友圈宣布活动的最终销量，并预告下一期，激发用户好奇心，吸引下次参与； 第四，实时播报产品发放进度，收集用户好评反馈，发朋友圈做口碑传播，对点赞、评论的用户做标记，下次活动第一时间触达。	分层筛选，为复购做准备

除了以上两种社群转化方式,更高频的转化方式是在长期社群安排周期性活动,比如抽奖领券、限额领券、降价秒杀、答题抽奖、直播卖货、节日福利、口令领奖等,这些可以与社群促活的内容、活动一起规划,放在长期社群的日常运营 SOP 里,同时达成留存与营销的目的。

完美日记、瑞幸咖啡等擅长使用社群转化的消费品牌,组建了长期福利群,细化到每一周、每一天要推荐哪种产品,投放什么样的优惠活动,让用户养成每天领券、消费的习惯,大大提升了转化率,也促进了 GMV 的增长,读者可自行寻找案例进行了解。

第 3 章

留量裂变实战

　　裂变其实已经不是一个新鲜的概念了，但它依旧能成为行业内讨论度很高的话题，归根结底，与增长越来越难的大背景有关。裂变作为低成本的增长方式，不会被忽视，反而会被企业愈加重视。

　　我长期从事裂变增长工作，也深入研究了裂变的原理与玩法，并付诸实践。本章主要将这些成果系统呈现出来，帮助读者利用好旧留量，创造出新留量。

1 裂变增长模式对比分析

我身边有许多人认为，裂变是老带新，乍一看似乎没问题，实际上却并非如此。

其实，裂变是一个比老带新范围更大的概念，只要一个人可以带来另一个人，并且新带来的人能完成相同甚至更深入的动作，就可以称作裂变。也就是说，裂变双方可以是该产品任意投入程度的用户。

比如任务宝形式的裂变，对双方的要求仅仅是关注公众号，而老带新的要求一边是付费使用者，另一边是产品体验者、付费使用者。

刚才的描述实际是对裂变的广义定义，从这个角度讲，老带新属于裂变，老带新与裂变是被包含与包含的关系。但就现实情况而言，裂变往往是狭义的，简单来说是"流量带流量"。

绝大多数裂变有 3 个特点：频率高、需求驱动、体验差。

频率高：裂变持续的时间很短，一般一场裂变活动的周期是 2 ~ 3 天，偶尔 5 天，最长一周，非常快，获得一波流量就停止。

需求驱动：从用户不同程度的需求和痛点发起裂变活动，这是裂变高频的主要原因，只有有足够的需求才能支撑裂变活动。

体验差：裂变方式往往很粗暴，需要不断提醒用户分享、邀请，并且会借助文案、排行榜等手段不断打扰用户，只为提升分享率。

比如三节课刷屏的《高薪运营成长图谱》，借用任务宝玩法，用品牌的实体产品刺激用户，活动期只有半天，并且疯狂打扰用户，却只增长了 14 万名粉丝，是典型的流量思维。

老带新就不太一样了。

首先，它会对参与分享或邀请的用户进行筛选，有一定门槛，比如只有高价品使用者才能参加；其次，在时间上，运营和迭代的周期较长，至少需要测试一个月，还要看所带来用户的质量和转化效果；最后，驱动力不同，主要依靠深层次的用户痛点和产品口碑。

我们总结一下二者的区别：

（1）老带新会对新老用户做出明显区分，裂变可以不做明显区分，所以广义上裂变包含老带新，这也是从用户生命周期角度看两者没有本质区别的原因；

（2）在狭义上，裂变利用流量带动更多流量，是流量思维打法；而老带新要对用户做筛选，而且要求流量精准，是转化的思维打法。

再来看一下另外两个模式：分销和团购，它们是裂变增长体系里不可或缺的手段。你觉得分销和团购，应该算（狭义的）裂变还是老带新？

之所以要强调分销和团购的归属问题，是希望告诉读者，对一个增长模型的认知，会影响你借助该模型所取得的实际效果，认知稍有偏颇，就会掩盖增长问题的本质。

分销的本质，是代理销售体系，就是让用户帮忙卖产品，然后以分佣做答谢，从这点来说，分销属于老带新。当然，我们也要看分销产品的属性，如果是高势能的引流产品，比如经典的"新世相营销课"，就属于流量打法，可以归为裂变。

所以，分销内部也要分类，以引流为目的的低价产品分销就是裂变，以销售为目的的推广人机制就是老带新。这样，我们在做分销增长时，会更加清楚地知道应该如何落地。

再来看团购，也就是拼团，它本质上是一种转化工具或模型，但因为能自动带来新用户，所以也要在裂变和老带新两者间进行区分。

实际上，团购和分销道理相同，一些引流性质的拼团，比如常见的 0 元或 1 元拼团，就可以归为裂变，因为能快速起量。高价产品的多人团购，以及只能由老用户发起的无限低价团或高价团，都可以归为老带新。至于团购分销和阶梯团购就要看匹配的产品和目的，有的阶梯团购甚至不属于裂变和老带新的范畴。

本节系统梳理了裂变与老带新的区别，也对分销和团购做了认知上的划分，目的是帮助读者清楚地分类。这样当你采用裂变、老带新、分销和团购中的任意一种增长模型时，就不会因为认知不清产生令人失望的结果。

裂变增长模型的分类如表 3-1-1 所示。

表 3-1-1　裂变增长模型的分类

目的/分类	裂变	老带新
流量	群裂变、任务宝、解锁、砍价、低价拼团、低价分销	——
转化	——	以引流产品、营收产品为基础的分享、邀请、拼团、分销等

2　社群裂变增长实战

2.1　社群裂变活动策划逻辑

社群裂变增长本身靠活动驱动，而策划一个社群裂变活动，主要有三个维度，以教育行业为例，如表 3-2-1 所示。

表 3-2-1　策划社群裂变活动的三个维度

策划维度	具体内容	举例
核心主题	用户群体	小学生、初中生、高中生、大学生、研究生
	痛点	薄弱科目、考试提分、学习方法、政策解读
	利益点	交流群、内容合集、方法模板、权威笔记
解决方案	形式	训练营、直播、录播、资料、打卡
	内容	课程详细大纲、具体资料
	周期	3 天、5 天、1 周、21 天、30 天
营销抓手	IP	名师、大奖获得者、高学历、资深
	销量	有多少名学员、某领域排行第一
	价格	免费、1 元、折扣价
	赠品	虚拟资料、实体图书、品牌周边
	稀缺性	限额、限时、专属、阶梯涨价

2.1.1　核心主题

包含用户群体、对应的痛点和需要满足的利益点。

首先是用户群体，主要包含小学生、初中生、高中生、大学生等学生群体，也包括"考研党""工作党"，还可以更具体地细分。每个群体对于教育行业来说体量都是非常大的，能够支持一些具体的增长项目。

其次是群体本身的痛点。对于大多数教育行业的用户来说，统一的痛点一定是成绩，所以可以围绕痛点从科目入手。一些科目对于多数学生来说比较难，如何提升这一科目的成绩就是一个痛点。另外，针对各种考试的政策解读本身也是一个痛点，因为它和升学挂钩，毕竟升学是除了成绩之外用户最关注的内容。

最后，设计一些利益点来解决痛点。

比如升学信息交流群或者资源对接群，就是一种解决痛点的利益点。再如资料包、模板、笔记之类的内容合集，也是一种利益点，可以用来解决提分需求。尤其是笔记之类的内容，它往往包含一些学霸的学习方法，对于存在薄弱科目或者缺少学习方法的用户很有帮助。

2.1.2 解决方案

包括形式、内容和周期。

教育行业的社群增长活动，形式包括训练营、直播、录播、资料、打卡等，这些都包含在解决方案中，所以我们在包装活动时，会把形式当作一个关键词罗列出来。

内容维度主要指社群活动所要传递的具体信息。比如，我们大多会把教育社群的增长活动包装成一系列课程，供用户学习。此时，学习内容的罗列变得非常关键,必须有具体的大纲,并且从中提炼出关键词进行文案的渲染。

再来看周期。学习类活动都有服务周期,而且用户也存在急速提升学习能力的需求,所以将周期设置为 3 ~ 5 天比较合理。如果部分用户想要更系统地学习,则约一周以上的活动时间比较合适,比如 21 天或 30 天。

2.1.3 营销抓手

营销抓手包含五个部分。

第一个是 IP,指本身能够带来高势能影响的部分,比如多年教龄的名师就是典型的 IP。很多教育公司都会把某一个领域的 TOP 级老师优先提炼成卖点,进行宣传。如果没有名师,也可以为某个行业大奖的获得者打造 IP。举一个比较极端的例子,你可以邀请诺贝尔奖获得者来做一次知识分享,这绝对是大 IP。

第二个是销量,指在某一个类别里销量领先,甚至排名第一。但对于增长活动来说,该如何以此作为营销抓手呢?很简单。比如老师教龄很长,出过书,影响了很多学员,假设他影响了 200 万人,那么 200 万人就是和销量类似的概念,这就利用了从众心理。

第三个是价格,属于简单、基础的营销抓手,如免费、低价、折扣价等。

第四个是赠品。赠品让活动更加丰富,成为促使用户参与活动的一个利益点。举个简单的例子,报名参加讲座就免费包邮送书,用户参加的欲望就会大大加强，因为买书需要花钱，其成本由参与活动来抵消，更能让用户满意。

第五个是稀缺性，也就是紧迫感，因为制造稀缺性可以增强用户行动的动力，限时、限额、阶梯涨价等营销抓手，都是基于稀缺性来设计的。

2.2 社群裂变活动运营细节

社群裂变增长的流程，主要包括推广环节、运营环节和风控环节。

2.2.1 推广环节

首先要选择常用的渠道。对于微信生态来说，主要包括公众号、群发和朋友圈，它们分别对应的子渠道如下：

○ 公众号：主要包含图文、菜单栏、客服消息和模板消息；

○ 群发：包括企业微信、普通微信、社群中的群发功能；

○ 朋友圈：包含企业朋友圈和普通朋友圈。

其次是推广形式。在公众号推广，以海报（或单纯的二维码）居多，比如图文中的海报，点击菜单栏会弹出海报，从模板消息、图文里的阅读原文、菜单栏等可以跳转到带有海报的页面。另外，使用较多且效果较好的形式是，基于客服消息的"文字+短链接"组合，打开链接会跳转至二维码页面。群发渠道主要依靠"海报+文字

+短链接", 朋友圈渠道也依靠此推广方式。

至于推广技巧, 在推广活动的时候, 短链接一般要重复三遍。为什么? 为了增加用户的点击概率, 随便点一个短链接就可以跳转到带海报或二维码的页面, 这种方式比单独发海报的效果好。

另外, 群发等渠道的文案要略长一些, 可以多写几行, 但每行之间要空开, 目的是增加整个文案的展示面积, 增加用户的点击概率。

在朋友圈进行推广, 还要保证文案不能折叠, 所以发布之前最好测试一下。除了文案, 发朋友圈时不能只放海报, 也要配一些突出氛围的图片, 或者用好评截图等增加用户的信任感和参与度。而在评论区, 也要加上带有紧迫感的文案, 比如"今天即将关群, 赶紧点击链接报名", 再加一个推广的短链接, 同样能跳转到活码页面或海报页面。

最后是推广节奏。我在过去写的书《从流量到留量》中提到过一种推广模型, 即靶心模型。社群裂变活动的推广, 其实大体遵循类似的逻辑。不过, 无论什么渠道, 都一定要进行排期, 不能在同一时间将社群裂变活动在所有渠道进行投放, 而是要有节奏地错位推广。每一次投放, 都要选择用户最活跃的时间。

另外, 不能只投放一次, 要多次投放, 且每次投放都要更换文案和海报, 这样能带来超过预期的推广效果。

社群裂变推广的逻辑, 如表 3-2-2 所示。

表 3-2-2　社群裂变推广的逻辑

推广渠道	公众号	群发	朋友圈
子渠道	推文、菜单栏、客服消息、模板消息	普通微信、企业微信、企业微信群、普通微信群	普通朋友圈、企业微信朋友圈
推广形式	海报、文字+超链接、跳转	用群发助手、群公告等发布文字+短链接+海报	文字+海报+短链接
推广技巧	超链接重复三遍,点击后出现活码页面或海报页面,文案略长且用空行隔开		文案不折叠、搭配有氛围感的图或好评截图 在评论区添加能提升紧迫感的文案及链接,打开链接是活码页面或海报页面
推广节奏	进行渠道排期,选择用户最活跃的时间进行推广,及时更换文案、海报		

2.2.2　运营环节

社群裂变的运营环节,要注重以下三个方面。

第一,裂变动作的引导。用户无论进入社群还是关注公众号,一定要引导他进行转发或者邀请。这一步的任务流程一定要清晰,文案要简洁,不宜过长,要加上裂变海报,占手机屏幕的八成即可。

在裂变任务的文案说明里,一定要提示"如果不分享或邀请,将失去资格",同时加上期限,比如"4 小时内不分享将被移出群聊,剥夺后续学习资格",以此增加用户的紧迫感。

第二,裂变任务要高频提醒。我们在做社群增长(也包括公众号粉丝增长)时,会使用第三方运营工具,这些工具本身就有裂变任务的提醒功能,只需要按照要求填写即可。

除此之外,运营者也要主动提醒用户,尤其是在社群里,要充分利用好群公告。比如，我在社群里用公告发布"还没有分享的用户抓紧分享，活动即将结束，请完成分享的用户在群内回复'已分享'"，这时让提前准备好的内部用户配合回复，就可以最大限度地将没有分享的用户激活。

其实，公众号等载体也可以高频地群发裂变任务的提醒，主动提醒利用标签群发模板消息或客服消息，比如发布"这个活动还有××天就要结束了，你还没有分享吗？赶快行动吧！"的文案。

被动提醒则按照裂变工具的功能进行配置，比如阶梯邀请的任务提醒，每完成一个好友的邀请，用户就会收到进度提醒，模板消息和客服消息均能触达用户。

第三，完成裂变任务的提示。实际上，裂变工具也有对应功能可以配置，比如用户可以通过社群裂变工具上传截图，企业可判断用户是否完成任务。用户只需要把截图发到群内，后台会自动审核，审核完成后，群内的机器人会发送通过的消息，其可以发送包括文字、图片、图文链接等多种形式的消息。

实际上，这一步也需要内部用户的帮助，一般至少需要 3 个。具体方式是在用户进群后不久，内部用户发送分享海报的截图，引导新用户完成同样的操作，从而提升裂变分享率。

关于审核后的消息内容设置，优先推荐社群二维码，如果不想重复将用户导入社群，也可以发送其他沉淀载体的二维码，比如普通微信、企业微信、公众号的二维码，这些都是比较好的选择。

2.2.3　风控环节

社群裂变的风控运营，要注意以下三个方面。

首先是防截流，因为社群往往采用活码，这意味着用户可以自由进出，所以，难免会有竞品的工作人员进入。这时除了使用工具自带的机器人群主，我们一定要准备好自己的管理员账号，并且要提前设置，一旦发现存在爆粉人员，在机器人将其移除之前，我们可以人为将其移除，并使用拉黑功能，尽可能减少干扰。

当然，有些工具可能会更加智能，可以自动移除违规人员，但多少还会存在一些漏洞，所以需要运营人员多加注意。

其次是关注满群状况。有的裂变工具支持自动建群，但若开启自动建群功能，可能会提前建很多你不需要的群，为了避免这种情况，最好还是根据满群情况人工建群。

如果一个活动举办得很成功，群成员增加速度过快，就需要开启自动进群功能。另外要多关注活码链接是否被封，预防方法是准备多个域名，以保证用户可以正常访问。

除了社群需要防封，公众号其实也需要防封，常用的预防方法是控制涨粉速度。比如一个公众号单天涨粉超过 1 万人，就有可能收到预警提醒，人数涨得过快，系统可能会清理掉所有粉丝。预防方法是针对一个公众号设置单日涨粉上限，并准备多个公众号进行分流，避免粉丝被一次性清理。

最后需要注意流量刷单。主要指公众号粉丝刷单，我们需要将公众号和社群结合在一起。公众号裂变工具的防刷单功能非常强大，一旦发现某个粉丝拉来很多"僵尸"粉丝，就可以将其拉黑，"僵尸"粉丝完成的任务也会被作废。

另外，在社群或个人微信号沉淀粉丝，也可以人为防止刷单，但设计的规则要足够精细，避免对方以投诉相威胁，要真正做到"解释权归官方所有"。

2.3　社群裂变数据指标体系

简单说说社群裂变的数据体系，主要包含两个方面：社群基础指标和裂变能力指标。

社群基础指标，主要包含四个维度。

○　进群 UV（Unique Visitor，独立访客）：指扫描进群码的人数，包括进群和未进群人数。因为用户扫码后会进入一个活码页面，这个页面的 UV 能被统计到。

○　进群人数：进到活码页面并扫码进入群内的人数，但有些人可能会退群，所以其中也包含进群后又退群的人数。

○　留群人数：进群后没有退出，即真正留在群内的人数。

○　留存率：指留群人数/进群人数。留存率能够反映一个社群本身的质量。

裂变能力指标，是社群增长的核心指标，包含六个维度。

○ 渠道 UV：扫描单一渠道建立的活码的人数，用户扫完码可能进群，也可能不进群。

○ 分享 UV：通过渠道码进入群内后，会获得一个专属分享二维码，把二维码分享之后引来的扫码人数，统计逻辑与渠道 UV 一致。

○ K 值：分享 UV/渠道 UV，反映社群裂变活动的增长效果和传播效果。

○ 分享人数：成功分享海报的人数。大多以在群内分享截图的用户数量来计算。

○ 分享率：分享人数/进群人数。分享率也是评判社群增长能力的重要指标。

○ 裂变 UV：分享 UV/分享人数，反映社群内用户的平均裂变能力。

以上指标中，最受关注的就是 K 值。其实不同行业、不同诱饵对应的 K 值标准都不一样。以我的经验来看，如果 K 值达到 0.5，就是一个非常成功的社群增长活动，不过仅供读者参考，实际值只要比历史同期高就可以。

3 老带新增长实战

首先,我们必须清楚什么是老带新。

对于老带新的定义,历来众说纷纭,但业内的普遍共识是"老用户带新用户",这是一种通俗的说法。但是,什么是老用户?什么是新用户?如果这两个关建概念没有界定清楚,讨论老带新的本质就没有意义。

3.1 什么是老用户?

所谓老用户,一定要和机构有较强的黏性,即较高的信任度,一般认为是核心付费产品的使用者,比如长期班学员。

其实,老用户有一定的界定标准,可以用产品和流程进行区分,而且,针对不同老用户所设计的转介绍策略是不同的。

举个例子,某教育机构的核心转介绍活动大多针对主修课的付费学员,只有这些人才能参加它举办的邀请推荐活动并获得奖励。但为了扩大拉新范围,其也设计了一些低价课、拼团课、家庭教育讲座等来满足更多用户的需要。

3.2 什么是新用户？

想要定义新用户，主要看使用转介绍的场景和媒介。

新用户可以是注册用户，可以是体验课用户，可以是流量产品的使用者，也可以是核心产品的付费用户。但在大多数情况下，新用户主要指注册用户和体验课用户。

还以该教育机构为例，它最基础的转介绍活动，都是以新注册用户为主要对象的，老用户只要成功邀请新用户注册并约课，就可以获得课时奖励。这样做的目的是减少老用户的邀新难度，同时课时奖励还能作为留存老用户的抓手，一举两得。

所以，究竟什么是转介绍？

我认为，能发动老用户（付费用户为主）带来新用户（体验用户为主）的增长方式就可以被称为转介绍或老带新。

实际上，转介绍的本质就是一种用户运营策略，重点是维护老用户尤其是核心付费用户，并发动其展开产品化与规模化的分享或邀请，同时借助营销和销售，完成新用户的转化。

3.3 老带新增长公式

就我的观察和经验而言，老带新其实是产品思维、用户运营、流量转化三方面的结合，设计一个好的老带新策略非常重要，至于如何设计，可以借助一个公式，即"老带新效果=分享效率×转化效率×分享频率"。

3.3.1　分享效率

影响老带新效果的核心因素有两个，一个是分享动力，另一个是分享难度。

首先，用户能分享老带新活动，一定是因为这个活动满足了用户的某个需求，这样他才有动力去分享，而用户需求大体分为两种：物质需求和精神需求。

所谓物质需求，主要表现为用户能享受到的优惠，红包、优惠券、返现、低价、稀缺名额等都是满足物质需求的具体形式，比如教育机构的老带新活动，满足物质需求的形式主要有课程奖励、优惠券奖励、实体物品奖励、现金奖励、积分奖励等。

举个通过满足物质需求提升分享动力的典型例子。

某编程教育公司的老带新活动长期突出"奖学金"和"赠课给好友"这两个卖点，前者希望让用户为了奖学金而去分享，后者则利用利他心理减轻用户的分享负担，同时增加被用户接受的概率。

而对于精神需求，主要满足用户的炫耀、焦虑、利他、自恋等心理。有一个工具叫"个性化海报"，用户点击后只需要上传照片，再选择合适的模板就能生成个人海报，只要模板或本身的照片足够有趣，能满足用户喜好，就可以带来不错的传播效果。

另一个影响分享效率的因素就是分享难度，主要指用户分享的方便程度，最便捷的情况只需两步就能完成分享，即点击—分享。比如小程序有很强的传播性，因为在产品设计层面使用户的分享行为更便捷，点击"分享"就可以跳转到群和个人对话框。

目前，老带新主要采用三种形式。

第一种是基于公众号生成宣传素材，如海报、H5 和话术，由用户保存海报和复制话术并分享到朋友圈和社群，或直接转发 H5，点击公众号菜单栏就会弹出话术和海报。

第二种是基于 App 生成宣传素材，直接引导用户分享至朋友圈，或用户主动保存后分享到朋友圈和社群。

第三种是直接分享小程序或基于小程序生成宣传海报，一般会与公众号结合，进行流量的多级沉淀，被邀请者会被优先引导关注公众号。

为什么要采用这三种形式？因为很多人习惯将图片分享到朋友圈，而图片产生的视觉吸引，能有效降低分享成本和参与成本，让产品传播和即时体验效果更好。

3.3.2 转化效率

转化效率指用户分享转介绍活动到某一渠道后的流量参与效果，影响因素主要有两个方面：海报吸引度和活动参与难度。

老带新海报主要包含海报文案和海报配色。首先，配色上最好以色彩醒目、视觉舒适的效果为主，红底白字和黄底黑字是典型的配色，但最好匹配品牌调性；其次是海报文案，核心是突出利益性，可以是需求层次，如"××次课提高××能力"，可以是利益层次，如"最高立减××元"，也可以是信任层次，如"快来和我一起学××"等。

除此之外，还可以通过展示人物肖像、卡通图标、实体照片、使用场景等增加用户的参与欲望，以及利用产品稀缺性提升用户行动力。

也可以提供多个海报供用户选择，比如某教育公司不仅提供了展示课程优势的海报，还突出展示了"在家学习"的海报。大部分海报都有品牌图标，并通过可爱的画风来凸显品牌调性。

那活动参与难度又是如何影响转化效率的呢？

常规老带新海报上的二维码扫描之后会进入一个页面或小程序，里面展示着更丰富的信息，有的是对活动的进一步介绍，权益和玩法信息非常全面，有的则和老带新关系不大，却能驱动对方成为新用户并使用免费产品。

新用户要想获取免费产品，只需留下手机号或直接完成注册，两种方式都降低了活动的参与难度。不过从转化角度来说，后者更优，因为注册完可以引导用户下载软件或跳转网页，嫁接更多产品功能，完成深度引导，比如领券、付费，既能强化转化效果，又能给用户带来良好的体验。

3.3.3　分享频率

从分享效率和转化效率两个层面分析老带新的设计策略，某种程度上就已经足够设计出一套完整的老带新方案，但为了达到更好的效果，还需要从分享频率入手，通过增加分享的频次和力度，覆盖更多精准用户。

第一个策略：依据用户行为深度设计邀请奖励方案，具体逻辑有两条：

○ 被邀请的新用户必须完成如"注册—试听—付费—续费"四个环节中的某一环节，老用户才能获得对应的奖励。而对老用户的奖励力度，以单个邀请用户来计，从注册到续费要阶梯式增加，获得奖励的人数要阶梯式减少，比如注册 10 个人给奖励，付费则 5 个人就可以给，而单人奖励额度，注册要小于付费。

○ 老用户的奖励要依据被邀请新用户成交产品的价格梯度进行递增设计。举个例子，设计三个价位的产品，分别是 1 元、9 元和 500 元，老用户如果邀请 10 个人购买 1 元品，则有奖励一；邀请 5 个人购买 9 元品，则有奖励二；邀请 1 个人购买 500 元品，则有奖励三。三个奖励的价值排序为：奖励一<奖励二<奖励三。

如图 3-3-1 所示，某编程教育公司规定，邀请好友报名体验课奖励 30 元，如果在此基础上完成进阶课报名，再奖励 150 元。

新用户的奖励方案也可以依据行为深度和成交价格进行阶梯设计。不过为了同时兼顾新老用户，一般会尽量按照上述两种逻辑设计阶梯奖励方案，但要遵守一条原则：老用户的奖励一定要高于新用户的奖励，否则就是失败的老带新方案。

图 3-3-1　某编程教育公司的邀请奖励方案

第二个策略：基于分享行为设计邀请奖励方案。

老用户成功邀请新用户前，可以通过分享老带新素材到社交平台来获得奖励，并且可以根据分享次数设计阶梯奖励，分享次数越多，奖励力度越大。

比如某外语培训品牌，就以月为单位推出分享有礼活动，要求分享个性化海报并上传截图到服务号，除此之外还设计了阶梯奖励，即不同分享次数对应不同的奖励，基础奖励都包含 1 节主修课，这样的设计能大大提升转介绍频率。

第三个策略：针对邀请人数设计邀请奖励方案。

第一个策略实际上包含了针对邀请人数设计阶梯奖励的部分，之所以要拿出来单说，是因为绝大多数老带新活动都没有那么复杂，都是基于单一环节针对邀请人数设计奖励方案，最简单的就是设计一个固定形式的奖励，比如奖学金、优惠、积分、代币、课时、兑换券等，然后加一句"多邀多得，上不封顶"。

但这样的策略实际上并不能带来较高的分享率，因为大多数用户已对此麻木了，只有兑换形式的奖励，才能充分迎合用户心理，提升分享概率。

回到奖励方案的设计上，通过设置明显的人数阶梯路径，能有效提升分享率，因为用户能感受到清晰的目标任务，为他们带来更多的动力。就像打游戏一样，只要有了目标，自然就会有所行动，而我们要做的就是给用户兑现完成邀请目标的奖励。

具体的案例有很多，比如某品牌针对 49 元产品设计的老带新活动，就规定如下阶梯奖励：每邀请 1 人购买，就能获得 1 件可挑选的实物礼品，而且邀请的人越多，礼品越多，价值也越大。

实际上，很多老带新方案都已经采用任务化的形式，即把分享素材、邀请注册或购买、邀请多人注册或购买，以及其他相关行为组合成一系列小任务，并匹配积分、实物、优惠、课时等不同形式的奖励，这样做能保证分享频率的最大化。如果各方面设计得好，且用户体验流畅，就会产生自动获客的效果。当然，这需要长时间的验证和迭代。

第四个策略：借助产品和创意提升分享率。

先说产品方面，主要指用户在获得奖励后，我们可以利用弹窗等功能提醒他继续分享，比如借助利他心理设计"恭喜获得免费名额，快去赠送好友"之类的文案。

某素质教育公司的 0 元体验课，在用户购买后会自动弹出邀请海报，目的就是提醒用户分享拉新，但结果取决于海报设计和内容呈现是否能激发用户的动力，否则用户会严重流失，因为弹窗非常容易被用户忽略。

至于创意方面，就是借助解锁、砍价、红包、集卡、助力等能带来大规模传播的玩法，前提是限定用户参与门槛，比如限定新注册用户才能助力，否则和裂变无异。

比如某教育公司使用盲盒抽奖的玩法，扩大老带新的传播面，具体逻辑是用户每邀请 4 个新注册用户完成助力，就能获得一次抽盲盒的机会。盲盒一共有 9 个，所以一共需要拉动 36 个新用户才能开启全部盲盒，使拉新效率大大提升。

以上就是提升老带新分享频率的全部策略，目的就是将老带新参与者分层，为后续的精细运营铺路。

最后为老带新增长公式设计做一个总结：

○　影响老带新分享效率的两个因素：分享老带新活动的动力和难度；

○　提升老带新转化效率的两个方面：设计吸睛的海报，降低转化后的参与门槛；

○　提升老带新分享频率的四个方案：根据行为深度、分享行为、邀请人数设计阶梯奖励，以及借助产品和创意提升分享率。

4 裂变增长细节设计

对于裂变增长来说，细节设计的重要性不言而喻，在没有过多渠道资源和运营支持的情况下，优秀的细节设计能大大优化增长效果。

4.1 页面访问的细节设计

一般用户登录 App、小程序或 H5 后，会看到这样几个广告位：弹窗、悬浮窗和 banner，它们常用来投放各种活动，包括邀请有奖裂变，其中效果最好的是弹窗和悬浮窗。

悬浮窗和弹窗都有一定的动态效果，并展示在最容易引发行动指令的位置，再配上"获取福利"之类的文案，如"点我领取""获取礼包""立刻领红包"等。

尤其是弹窗，这是最容易吸引用户参与活动的广告位，最常用的呈现方式是动态广告图，靠文案吸引用户点击，比如樊登读书的权益类活动"登录免费领取 7 天 VIP 体验卡"，如图 3-4-1 所示。

不过，最有效的方式还是展示动态的红包、袋子、盒子等图案，一般以红包居多，比如某教育品牌的老带新活动，就采用抽奖弹窗和红包弹窗的形式，视觉效果极佳，点击率高。

图 3-4-1　樊登读书的权益类活动

4.2　引导用户分享的细节设计

用户被广告位吸引后，会进入裂变页面参与活动，这里除了文案提醒，也有很多暗示性或明示性的细节引导用户进行分享。

第一类细节是展示用户的邀请进度，最典型的就是邀请赚红包或现金的玩法，各大电商、外卖、本地生活等类型的 App 或小程序，都采用进度条的形式展示用户的邀请进度。

用户先看到奖励金额，下方就是提现的进度条，进度条一般有两种颜色，最右侧是提现门槛，紧接着就是邀请按钮，进度条和邀请按钮都有动态效果。

比如拼多多的送货赚钱小游戏，邀请两人就可以提现 0.8 元，进度条非常明显。再比如腾讯课堂的"邀好友得奖金"活动，同样有红色进度条提醒"差××元提现"。

除了提现，也有将阶梯奖励变为进度条的案例，比如樊登读书的"VIP 限时免费领"活动，邀请人数达到 5 位、10 位、20 位分别奖励书、笔记本和知识礼盒，进度条上相隔标示。

第二类细节是展示需要邀请的人数，一般显示用户头像，右侧则有几个带"加号"的位置，通常显示 2～5 个位置，这里通常延伸出两种玩法。

第一种玩法是助力。

激发助力的诱饵有优惠券，比如美团的 6 元外卖红包，邀请 4 人助力即可获得。再如瑞幸咖啡的 3.8 折咖啡券，邀请 2 人即可领取。也有现金红包，比如拼多多的天天领钱，邀请 2 人助力可提现 0.6 元。还有会员卡，比如微信读书的点赞得无限卡，邀请 2 人点赞即可得卡片。

更有积分奖励，比如京东的"送豆得豆"和"摇京东"，前者可送 10 人每人 1 豆，自己得 50 豆，后者最多可邀请 5 人助力，每人助力得 3 次抽奖机会；甚至还有以虚拟物品作为奖励的活动，比如助力得微信红包封面。

第二种玩法是组队。

有组队瓜分奖金玩法，也有组队对抗玩法，比如抖音的组队领红包，5 人即可组队。再如支付宝的"组队拼年龄"，邀请 5 人组队叠加年龄，目标也是赢取红包。

此外，还有组队共同领取奖励的活动玩法，比如微信读书的组队抽无限卡等。

第三类细节是抽奖任务。

很多教育产品的老带新都采用该形式，基本逻辑是用各种类型的积分兑换大转盘抽奖的机会，获取积分的途径包括分享海报、邀请好友注册、邀请好友购买等。

盲盒是 2021 年最时髦的玩法之一，快手联合泡泡玛特开展了新年抽盲盒活动，需要完成的任务为"集好运"，获得"好运"能兑换抽盲盒的机会，获取途径除了"邀请抽奖+分享页面+邀请注册+分享视频"，还有签到、关注等。

第四类细节是对细微行为的弹窗提醒，这在邀请领现金类的玩法中比较常见。

例如，进入正式的活动页面会直接弹窗，提醒用户分享，最典型的案例就是拼多多的天天领钱。

用户分享成功后，还会弹窗提醒"分享到群"或"分享到群概率提升××%"；如果用户关闭弹窗，还会提醒用户"邀请下列好友得××奖金"等。

如果用户继续关闭弹窗，可能会继续弹窗提醒"差××就能拿
到现金了"，而当用户彻底离开时，还会有弹窗继续提醒，展示带
选项的页面，用户可选择"继续推荐"或"离开"。

4.3　提升参与率的细节设计

在裂变活动中，从用户访问到分享的环节通常都会产生用户流
失，要想提升该环节的参与率，也需要进行细节设计，目的是尽可
能让用户变得积极、有紧迫感，具体可以采用如下方式。

第一类细节是设计跑马灯，以向上滚动或向左飘过的形式，展
示"×××通过分享/邀请获得×××元"等文字，营造火热的气氛，
这在砍价、推荐红包等活动中比较常见。

第二类细节是展示收益排行榜，排行榜虽然能虚拟设计，但最
好取自真实的邀请数据，这样便于基于排名设计额外的邀请奖励，
同时增加一些动态效果，吸引用户关注。

最后一类细节是突出倒计时，比如"距离活动截止还有×天"
"现金有效期为×天"等，配合带有动态效果的时钟和邀请按钮，进
一步吸引用户关注。

以上就是全部的细节设计，可以发现这些设计均有心理学理论
做支撑，比如从众效应、损失厌恶、对比效应等，如果能够好好应
用，往往能取得出奇的裂变效果。

第 4 章

企业微信留量运营实战

众所周知，传统的微信裂变玩法效果逐渐式微，出于增长焦虑，需要新的载体承担裂变的重任，恰好，企业微信出现了。

企业微信是微信近几年重点推广的两个新流量生态工具之一（另一个是视频号），相比于个人微信有很多优势，这里我想先解释一下为什么要用企业微信做留量增长。

主要原因有两个。

第一，企业微信有很强的数据化与工具化能力，相比于个人微信有更强的稳定性与更好的体验感，尤其是被动引流的稳定性，个人微信难以望其项背。

第二，企业微信可以与公众号、企业微信群、小程序等进行功能关联，实现联合增长，个人微信却不能与其他载体进行增长功能的关联，也没有稳定的工具支持个人微信实现增长。

既然了解了原因，那么就正式展开本章的核心内容：如何通过企业微信，实现留量的运营增长？

1 企业微信引流与裂变实战

1.1 企业微信增长诱饵

我在上文提到，影响增长的三要素是诱饵、玩法和渠道，以教育行业的企业微信增长为例，实物、课程、资料是最常用的三类诱饵，其中实物的增长效果最好。不过，实物并非实现企业微信增长的最好诱饵，原因很简单，最适合企业微信的运营目的是留存和转化。

企业微信实质上是"企业版个人号"，依旧是 1 对 1 的场景，同时也是信任度比较高的场景。相比于群聊和公众号，企业微信有更强的私域筛选作用，适用于精准用户的维护和被动转化，不适合像公众号一样利用实物给企业微信吸引"泛粉"。

另外，实物类诱饵有一定的成本，需要计算单个用户的成本，比如关注公众号对用户来说心理负担较小，所以增长人数会比较多，通常任务人数为 10～20 人，1 个粉丝的成本不到 1 元。

相反，添加企业微信的心理负担就重一些，所以如果非要以实物作为诱饵，那么任务人数要控制在 10 人以下，人数多了，流量难以精准。

如果以课程和资料作为诱饵，企业微信的增长手段会更容易被用户接受并开展。

原因也很简单，课程和资料的制作成本相对较低，增长任务的门槛就可以设得很低，比如邀请 3 ~ 5 人，这对用户来说容易接受，带来的用户也更为精准。

不过，只要是增长就存在完成率的问题，目前来看，企业微信增长任务的完成率比较低，除了诱饵等影响因素，也与企业微信的引流玩法与裂变路径有关。

1.2　企业微信引流玩法

先谈谈企业微信引流玩法。

所谓引流玩法，简单来说就是想办法获取第一批添加企业微信的用户，积攒下第一批企业微信好友，为后续的裂变、留存和转化做铺垫。

企业微信引流的核心逻辑非常简单，就是利用诱饵在合适渠道沉积用户（裂变属于比较大的一类，后面单独讲解），目前常见的企业微信引流玩法有很多种，我在后面做了具体梳理。

首先说明企业微信为什么可以承接用户，主要得益于以下三个功能。

功能一：主动添加。这个功能具体体现为三种方式。

○ 企业微信拥有者可以搜索用户的手机号添加其为好友。

○ 企业微信拥有者可以主动扫描用户的微信二维码添加其为好友。

○ 企业微信支持和拥有者的微信号进行绑定，企业微信拥有者只需要将企业微信以名片的方式发送给微信好友（或好友所在的微信群），就能让对方添加自己的企业微信为好友。

功能二：被动添加。在企业微信的"工作台—学员联系"入口，可以发现"联系我"的被动添加功能，用户可以扫描通过此功能生成的二维码或工卡添加企业微信，或者通过小程序和公众号获取二维码，扫码添加企业微信。

功能三：活码功能。同样是"联系我"的功能，不过支持在一个活码中嵌入多个企业微信二维码，让多个用户在主动扫码时随机扫一个二维码添加企业微信，且无须确认即可通过。这个功能需要企业微信管理员进行设置才能使用，目的是方便承接大批量的用户，避免单一企业微信二维码被限流甚至封禁。

因为许多零售行业、直播行业、教育行业的企业，都有与用户高频接触的服务环节，所以需要使用企业微信承接并维护用户。例如，某线下连锁企业，全国有众多门店，在每个门店设置这样的活码，可以导流到多个员工的企业微信上，能承接多达几十万名的用户，即使是一些小型公司，如果有几千名用户沉淀在多个企业微信里，那也是很可观的留量。

有一个问题，一个通过"联系我"生成的活码可以嵌入多少企业微信二维码？目前来看似乎没有上限，但考虑到实际情况，运营者一个人使用的企业微信数量一般不会超过 10 个，一个公司也不会把所有企业微信关联到一个活码上，所以这类问题不用过分担心。

除了上述三个功能，企业微信每天可引流的用户数量也没有上限，而且支持设置欢迎语，通过第一次"打招呼"的方式，帮助用户和企业建立初步信任。

目前大多数第三方工具都开发了带有参数和标签功能的新型企业微信二维码，可以用来了解用户的添加渠道（来源），以及用户类型，并根据不同渠道或类型，为用户发送不同的欢迎语及其他形式的匹配内容，大大增强了企业精细化运营的能力。

接下来就聊聊有哪些适合企业微信的引流玩法。

1.2.1　批量添加好友

所谓批量添加好友，指借助第三方工具上传带有用户信息的表格，将表格里的用户"一键添加"到企业微信上，一般都支持在工具后台上传并分配不同的企业微信号，非常适合需要服务大批用户的行业。比如教育行业，因为报名课程的用户量一般很大，就可以用批量添加的方式，将他们沉淀在企业微信并展开服务，省时省力，同时可以自动打上标签。

在批量添加好友时，可以用短信提醒用户及时添加，最好能结合重大活动，同时将活动信息用短信发送给用户，这样可以大大提高添加率。

1.2.2　线下扫码或区域扫码

在线上流量成本暴涨的当下，如何通过线下获取流量这一问题再次成为新的关注点，而且不同以往，线下获取流量更加重视精细化和精准度。

有一种玩法叫区域扫码或线下扫码，就是在线下场景或基于线上 LBS（Location Based Services，基于位置的服务）投放企业微信二维码，让某一地理区域的用户扫码添加企业微信。

这对于拥有线下门店的零售品牌、连锁机构来说，是非常有用的引流方式。以线下场景为例，可以在门店放一张大海报，上面放置二维码，并附上用户添加的理由，比如添加企业微信就赠送某上新单品，限量领取，到货第一时间通知等，某线下连锁机构通过这个方式获客 20 万人。

另外，也可以基于不同门店所在区域的人群需求特点，设计不同的促销活动，提供不同的引流产品，比如某线下咖啡品牌，就为大学生推送了 3 折拼单促销的活动，吸引学生通过添加企业微信的方式获取优惠，同时还推出专属产品，提高客单价。

还有一个"隐藏"的线下引流企业微信的方式：包装一个支付有礼活动，在支付成功页推广企业微信，用户支付后添加企业微信就可以领取福利（线上也可以这样操作）。

1.2.3　小程序或 App 引流

很多企业将用户沉淀在小程序和 App 上，企业也可以设计引流策略，将他们沉淀在企业微信中，比如前面提到的支付有礼玩法。也有一些企业会直接在小程序和 App 页面频繁展示优惠券，引导用户添加客服的企业微信，领取优惠券，而用户添加后，还能收到企业微信群的进入链接。

例如，某零售品牌，在 App 的产品详情页直接放置运营人员的企业微信，为了让更多用户添加企业微信，还设置了一个噱头，告诉用户添加后可以第一时间获得新品信息与参加优惠活动的资格。

这里有必要讲解一下小程序导流企业微信的方式，过去的路径是这样的：

○ 用户进入小程序，客服在会话中发送企业微信二给码，用户收到企业微信二维码，扫码识别添加；

○ 通过文字引导用户截图保存企业微信二维码，用微信识别添加。

现在，小程序允许用户直接识别企业微信二维码并添加运营人员，这意味着导流路径缩短，效率提高，用户流失率降低。

还有很多企业都会使用短信触达用户，企业微信支持短信植入链接，用户点击链接就可以跳转到微信小程序添加企业微信，完成新客沉淀或老客召回。

1.2.4 公众号引流

绝大多数企业都有公众号，尤其是服务号，因此，每个月可以主动触达用户 4 次，无论图文消息还是图片消息，在内容里插入企业微信，匹配引导策略，就可以轻松实现公众号到企业微信的用户迁移，完成引流。

除此之外，菜单栏、客服消息、新人关注等其他流量入口，同样可以引导用户添加企业微信。

比如某从事理财规划的教育企业，就通过推文及在菜单栏备注"点我咨询"，告诉用户添加企业微信可以获得一名专属顾问，帮助用户免费评估 1 次资产情况，给予理财规划建议。

1.2.5 微信广告引流

微信广告也可以为企业微信引流。很多行业在投放微信广告时，会在落地页或支付成功页上放置企业微信二维码，比如某成人教育公司在朋友圈投放一个 9.8 元的体验课广告，用户购买课程后会进入激活页面，其实就是添加企业微信，然后引导用户完成测试、上课等动作。

1.3 企业微信裂变玩法

玩法可以说是研究增长时人们最关注的方面，我们往往根据玩法来判断这是不是一个新的裂变方式，会不会带来新的增长红利。

企业微信增长也不例外，了解什么样的玩法适合企业微信非常重要，我总结了这样几个玩法。

1.3.1 客户裂变

所谓客户裂变，就是发动添加企业微信的人，让其直接推荐好友，这是非常简单的裂变方式。不过如今的裂变都有很高的规模化与数据化要求，必须借助工具改造流程。

有两种经过工具改造的好友裂变流程。

流程一：添加企业微信→弹出话术和图文→点击图文→复制话术和保存海报→发送好友扫码→裂变循环→企业微信发送奖励

我最早使用的企业微信工具支持该流程，我也是通过该工具开始探索企业微信裂变效果的。从用户角度来说，该流程有很大的认知难度，企业需要在弹出话术和图文描述上下功夫。

例如，在引导用户参加裂变时，在首次触达话术里详细列明参与活动的步骤，图文消息也采用指引行动的文案，能大大降低用户的认知难度。

不过，用户要点击图文才能生成海报，这个步骤容易产生用户流失，虽然用户可以查询进度，但无法像公众号那样实时提醒，完成任务的提醒还会占据企业消息次数，还需要运营人员时刻注意，裂变的完成率就会大打折扣。

流程二：添加企业微信→弹出话术和海报→保存海报→发送好友扫码→裂变循环→活动链接/公众号/企业微信发送奖励

这是目前较为合理且体验较好的企业微信裂变流程，大多数企业微信裂变工具都采用这个流程，因为整体逻辑与公众号任务宝类似，企业微信裂变也叫企业微信任务宝。

添加企业微信后，会弹出活动步骤等文案内容，并附带海报，经常参与裂变的用户会很快了解并开始传播，效率能得到大大提升。

因为企业微信无法及时提醒用户任务进度，所以会在新人首次消息里插入一种链接，用户打开后能看到邀请进度、邀请明细、邀请排行榜等。

不过，有的工具可以添加关注公众号的入口，目的是利用公众号进行消息提醒。有的工具则会像流程一那样，提供阶梯任务说明与海报生成入口，目的都是提升企业微信裂变完成率。

企业微信任务宝其实还有很多更细分的玩法，甚至取决于裂变的诱饵。

比如，支持多个企业微信一起裂变，既能分担风险，又能实现规模增长；支持实物奖品兑换，完成任务后会弹出填写地址的入口；支持跳转其他的载体，比如企业微信、微信群、公众号等，会弹出载体的二维码，扫码就可以进入载体，获得奖励；支持发放红包，需要邀请几个好友添加企业微信，裂变双方都能获得红包，但是邀请人可以获得更多红包。红包通过企业支付的形式到账，无须提现，适合电商等领域。

1.3.2　企业微信+公众号裂变

企业微信裂变的一大弊病就是无法像公众号一样有实时的进度提醒功能，于是有的企业微信工具提供商就想办法改造了裂变路径，将关注公众号嵌入裂变循环。

具体流程：关注公众号→弹出话术和企业微信→添加企业微信→弹出话术和海报→保存海报→发送好友扫码→裂变循环→公众号发送奖励

在该流程里，用户也可以先加企业微信后关注公众号获取海报，但无论如何都要完成关注公众号和添加企业微信两个步骤，这从用户体验上来说并不友好，存在很大的用户流失风险。虽然有人认为完成两个行为步骤的概率在 90%以上，但这取决于活动的吸引力，并非是稳定数值。活动如果办得不好，用户流失 50%以上都是正常的。

有的工具会提供另一种路径，就是在关注公众号后直接获取海报，好友扫码后可能只关注公众号或添加企业微信，之后再添加其他方式来完成助力，比如添加企业微信后可以通过文字链接关注公众号。

该路径虽然把传播节点提前，但增加了助力难度，并没有解决根本问题，因为用户以为只须扫一个码（该路径还弹出海报引导分享），这时告知用户关注公众号或添加企业微信才算助力成功，会导致严重的用户流失。

所以，实现企业微信和公众号同时增长的裂变玩法固然有创意，但对裂变诱饵提出了更高要求，也增加了流量筛选力度，适合高净值用户的裂变增长。

1.3.3　企业微信+企业微信群裂变

该玩法的案例较少，甚至很多人不知道企业微信可以与企业微信群实现功能联动。

具体路径：用户添加企业微信→自动拉企业微信群→群内发邀请链接→用户点击链接→用户保存海报→用户发送好友扫码→裂变循环→企业微信群/企业微信发送奖励

使用少数第三方工具可以实现该玩法，但有的工具要求用户添加第三方企业微信，企业只能把用户引入企业微信群，后续再把群内用户引到自己的企业微信上，这样既麻烦又伤害用户。

所以，要想采用这类玩法最好由企业自研工具，因为企业微信好友和企业微信群属于流量资产。我其实很看好这个玩法，拉新、留存、转化三种运营目的同时兼顾，期待有更多案例出现。

1.3.4　企业微信群裂变

这是最容易理解但却很少见的玩法，它是已经成熟的微信群裂变的延伸，但目前还没有工具可以完整实现企业微信分享群裂变。

具体路径：进入企业微信群→机器人发布话术和海报→保存海报→发送好友扫码→裂变循环→企业微信群/企业微信发送奖励

实际上，企业微信分享群裂变的一大难点是无法审核，但是基于企业微信的自动回复功能就可以解决。所以只要第三方工具提前设置好活码和入群话术，用自动回复完成审核，裂变就可以跑起来。

具体操作步骤如下：

○ 设置企业微信群活码，一个活码可建 5 个群，能进 1000 人，用户随机进群；

○ 设置 2 条入群欢迎语，即提醒新入群用户的分享任务的描述和需要分享的海报，一般是新用户进群几分钟后发出；

○ 开启群内的自动回复功能，添加小助理机器人，在企业微信管理后台设置触发自动回复的关键词和 2 条自动回复的内容，一般为完成审核的话术和领取奖励的海报；

○ 反复提醒完成分享的用户发送图片到群内，并@小助理和回复关键词。

需要注意的是，这个审核不具备真实审核的作用，只用于提供下一步的引流入口，真实的审核工作还需要人工完成。

还有一种群裂变玩法是企业微信邀请群裂变，目前已有工具支持，具体路径如下：

进入企业微信群→机器人发布话术和海报链接→保存海报→发送好友扫码→好友扫码进群→裂变循环→引导添加企业微信获取奖励

这是一种较为自动化的拉群裂变机制，但运营成本不低，需要耐心告知用户如何获取海报和奖励，目前有工具可以做到与公众号相结合，由公众号来提醒邀请进群的进度，一定程度上提高了效率，但也要做好流量风控，如刷粉、广告、封群等。

从实际裂变效果来说，只要能"教育"好用户，就能带来比较精准的流量，但想要获得分享群裂变的起量速度，还需要依靠有效的裂变诱饵和尽可能简洁的路径引导。

这个玩法需要注意一点：新老用户的进群方式应该有明显区分。

比如某第三方工具支持老用户直接进群，但新用户必须添加企业微信才能被拉入群。显然，这里的"老用户"指已添加过企业微信的用户，新用户指通过活动新添加的用户，如果要检验这个玩法的拉新效果，必须先观察有多少成员通过企业微信邀请进群，然后再根据数据模型测算评估。

企业微信邀请群裂变还有一个玩法，叫"活码+群邀请"玩法，如图 4-1-1 所示。用户路径：海报扫码进入企业微信群→群欢迎语自动提示邀请好友进群→回复关键词查询邀请进度

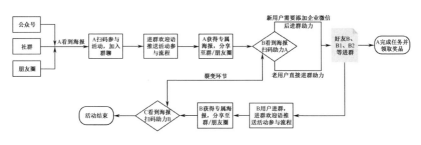

图 4-1-1 "活码+群邀请"玩法

整个玩法的核心有两个部分：活码进群和群邀请。

首先是活码进群，单个企业微信群扫码最多可加入 200 人，因此无法承载较多的流量，而使用活码工具上传多个企业微信群码，活码被扫描完设定的次数后，就会分配下一个二维码给用户，从而

为企业微信群分流。

其次是群邀请，比如群内有 100 人作为裂变种子用户，群欢迎语自动提示邀请×位好友进群领取奖励、排行榜前 3 名领取额外奖励等，回复关键词"邀请查询""邀请排行"等就可实时查看邀请进度。

1.3.5　企业微信+小程序裂变

这是一个很少被应用的裂变玩法，因为这一玩法需要企业有一定的开发能力，具体路径如下：

打开小程序→分享小程序→分享到微信群或好友→好友进入小程序→添加企业微信→引导进入企业微信群→群内提醒进入小程序→裂变循环→小程序发送奖励

典型案例是瑞幸咖啡，这是它整个私域运营中的一个得力工具。

瑞幸咖啡每周会在以门店为单位建立的企业微信群内发布小程序，用户按照上述路径邀请两位好友加瑞幸咖啡企业微信小助手，就能得到 3.8 折优惠券，而且优惠券能无限叠加，这就意味着用户可以不限次数地邀请好友添加企业微信，扩大瑞幸咖啡私域流量的规模，这种玩法是一个非常好的裂变抓手。

1.3.6　企业微信+抽奖裂变

抽奖裂变是常见的增长形式之一，目前的企业微信 SCRM 系统支持抽奖活动与企业微信的裂变功能相结合，吸引用户参与活动并持续分享，同时将用户沉淀至企业微信。

路径如下：海报扫码添加企业微信→弹出抽奖图文消息→点击图文访问抽奖活动页→生成海报并分享→好友扫码并添加企业微信→自己获得抽奖机会并抽奖→裂变循环

1.3.7　企业微信+冲榜裂变

冲榜裂变很好理解，就是借助某一具体的裂变形式，发动参与活动的种子用户参与排行竞争，以邀请人数作为排行主要标准，达成一定目标就能获得对应奖励。

企业微信冲榜裂变的具体路径主要有两种，一种是借助企业微信好友裂变或者企业微信与公众号相结合，目的是进一步刺激两种玩法的裂变效果，路径没有变化；另一种玩法相对比较复杂，首先需要找到固定的种子用户，一般是内部员工、招募推广人、已有老用户等，让他们关注公众号获取海报，然后分享出去吸引新用户扫码添加企业微信，企业微信运营者再引导新用户购买产品，同时引导参加新一轮裂变，而种子用户和部分新用户参加整体邀请排行，以邀请购买产品人数作为排行依据，获得具体名次给予相应奖励。

我曾观察到一个案例，当时他们把线下宣讲会的到场人员作为种子用户进行裂变，售卖的产品是宣讲会嘉宾的知识付费课程，单价几百元，最终借助前文提到的第二种冲榜玩法，在 4 个小时里累计获得 700 多个付费用户，效果可见一斑。

1.3.8　企业微信+转介绍

企业微信其实也可以作为产品转介绍的载体，形成较长路径但获客更精准的裂变方式，比如某教育品牌做过一个低价课转介绍活动，添加企业微信之后，回复关键词可以获得详细的转介绍规则，然后形成长路径闭环进行裂变。

具体路径如下：扫码活动海报加企业微信→回复关键词→获得规则和海报→转发海报到朋友圈→发截图给企业微信→获得奖励→新用户报名课程并关注公众号→裂变循环

其实，企业微信也支持第一时间通知往期裂变用户参加新的裂变活动，还能提醒未完成裂变的用户继续邀请，更可以将所有用户一键拉群，集中运营，放大裂变效果，值得读者研究、尝试。

2 企业微信留存与转化实战

企业微信的留存与转化在某种程度上是一体的，因为留存意味着与企业微信好友进行互动增加黏性，在这个过程中必然创造了转化机会。

接下来我就结合企业微信的功能，梳理一些留存与转化方面的实操策略。

2.1 企业微信养号

企业微信的一系列留存操作是基于稳定的企业微信账号开展的，如果账号被限制甚至被封禁，一切策略都是徒劳的，所以有必要简单聊聊企业微信的养号策略。

养号的核心目的是提升企业微信的权重和活跃度，下面是我整理的一个养号清单，仅供参考：

○ 注册企业微信后用企业主体进行实名认证，同时绑定实名微信；

　　〇　开通企业微信支付，使用企业微信转账、付款、发红包、抢红包等；

　　〇　获取客户朋友圈和客户群权限；

　　〇　添加微信号，每天至少1位，主动添加和被动添加互换使用，每天用1种方式加人；

　　〇　主动与微信号聊天，每天互动5次以上；

　　〇　企业微信群聊和企业微信之间要有互动，每天互动6次以上；

　　〇　创建1个10人左右的群聊，至少有5个微信号，每天群内互动3次以上；

　　〇　企业微信尽可能在1分钟内及时回复微信号的消息；

　　〇　企业微信之间互发红包，每天至少1次；

　　〇　使用企业微信中的日程、微文档、微盘等功能，每天至少1次。

　　以上清单中的内容不一定要全部照做，很多企业微信使用者容易急于求成，刚申请了账号就立刻发送营销内容，所以封号风险非常高。如果能正常使用企业微信做运营，自然就不用养号了。

　　那么，还有哪些具体行为可能会导致企业微信有封号风险呢？这里也列了一个风险清单，大家在使用企业微信的时候稍加注意即可。

　　〇　注册不到30天的企业微信账号频繁添加好友；

　　〇　1分钟内被动添加好友超过60人，1小时内主动添加好友超过 40 人（在用企业微信引流的时候尤其需要注意，新账号 1 天内主动添加 60～80 人比较安全，被动添加 300～400 人比较安全）；

○　频繁拉好友进企业微信群；

○　好友欢迎语含"返利""红包""优惠券""签到"等关键词；

○　频繁发送消息，对方极少回复；

○　极少与好友互动。

2.2　企业微信群发

前面提到，养号是为了更好且更安全地用企业微信做留存与转化，因为企业微信主要通过群发的方式运营用户，所以群发的频率和内容控制不好，必然会影响业务发展。

2.2.1　控制群发频率

企业微信支持每天群发多次，在设置群发时，可以选择发送给客户，也可以选择发送给客户所在的企业微信群，但是，每个客户和企业微信群只能接收到一次信息。所以，想用群发高频营销客户，显然是不现实且不可取的。

我认为企业微信是非常好的留存客户的载体，所以必须合理利用群发功能，而合理利用的宗旨之一就是控制群发的次数。

有人认为既然只能接收一次，那么每天发一次就可以了。这么做不但会因为对用户过度打扰而造成用户流失，而且不符合风控要求，很容易被封号。

所以，企业微信群发的合理频率为每周 1 至 3 次，时间最好选择在周一到周五，每次群发间隔在两天以上，每次群发时间可以选择上午 8—9 点、中午 11—12 点、下午 15—16 点、晚上 19—20 点这四个时段中的一个，这些时间符合大多数人的作息规律。

有必要补充一下，企业微信目前仅支持教育培训行业（其他行业未来能否开放还有待观察）的企业微信客户群每天接收 6 次群发消息。具体来说，每天群发到群和用户的次数为 1 次（学员联系和学员群发），使用"学员通知"功能可以做到每天 5 次触达，所以总共算作 6 次。

2.2.2　结合用户分层，设计留存与转化内容

用企业微信做留存和转化，除了注意群发频率，还要分清群发的对象，针对不同类型的用户，群发不同类型的内容，匹配相应的需求，才能事半功倍。

比如我在负责用户增长业务时，根据当时的引流渠道和对应的用户属性，提前设置了多个企业微信活码，每个活码都有用户标签，并且分成了很多种，有的按照渠道分（××公众号用户），有的按照活动分（××裂变活动用户），有的按所报课程分（××引流课用户）等。

在设计群发内容时，要考虑不同标签用户的留存价值与内容需

求。比如有的用户黏性较弱，我们就以各种免费裂变活动为主，虽然流失率较高，但不会造成太多实际损失；还有的用户经过引流课这类产品筛选，留存价值更大，我们会为其提供较高质量的内容，比如电子版的精品学习资料、高质量文章、名师录制的视频等，当然我们也会推送直播活动、裂变活动、促销活动，进一步刺激转化与增长。

实际上，留存内容与转化活动需要进行长期的规划，企业微信群发策略如表 4-2-1 所示。

表 4-2-1　企业微信群发策略

群内内容策略	群发内容形式	群发用户类型	群发频率	内容吸引力
电子资料	文案+图文消息/二维码/短链接以 PDF 为主，网盘为主要领取方式，偶尔支持 H5 页插入文件，方便用户直接打开	所有用户	每周至少 1 次	中等
视频	文案+图文消息/二维码/短链接以第三方播放平台为主，视频号成为新趋势，偶尔插入图文、视频	高意向潜在用户 召回用户 付费用户	每周至少 1 次	强
文章	文案+图文消息/短链接	所有用户	每周至少 1 次	弱
直播	文案+图文消息/二维码/短链接以进群和第三方平台报名为主要形式	高意向潜在用户 召回用户	每两周至少 1 次	最强
增长活动	文案+图文消息/二维码/短链接以进群和第三方平台报名为主要形式	所有用户	每周至少 1 次	一般
优惠	文案+图文消息/二维码/短链接以进群和 H5 报名为主要形式	高意向潜在用户 召回用户	每周至少 1 次	强

2.3　企业微信个性化运营

除了利用群发运营企业微信里的大量用户，还可以结合用户的分层标签与个人 SOP 策略进行个性化运营，当然，这只能针对部分高意向用户。

2.3.1　筛选用户的两种方式

如何选出这部分用户？有两种方式。

第一种，综合运用各种用户分层策略，比如先给用户贴上新用户、潜在用户、意向用户、付费用户等具有明确边界的标签，再贴上画像维度的标签，更可以根据业务的"收入-消费"模型去搭建标签体系。标签越细致，越容易找到高意向用户。

当然，在 1 对 1 聊天场景中，也可以主动更换用户标签，比如在沟通中确定对方为新用户，在后台标记为"新用户"即可，如果产生付费意向，再转入"付费用户"标签中进行管理。

第二种则是通过群发带有"回复关键词领取××"等互动性内容，筛选意向较高的用户，然后根据已有标签和 1 对 1 沟通的结果，确认新的标签，选出真正的高意向用户。

这里要注意关键词的设置，为回复不同关键词的用户打上不同的标签，还会弹出不同的内容，比如活动进群入口、资料领取链接、产品购买链接等，有的工具甚至能识别用户点击这些链接的行为轨迹，提醒我们捕捉用户意向，从而提升分层打标签的效率与准确性。

2.3.2　个人 SOP

筛选完意向用户，就可以进行个性化运营了。什么是个性化运营？就是针对不同标签的用户设计不同的精细化运营策略，提升活跃度和转化率。

比如，一个用户购买过某科目低价课，并且完成了全部作业，就可以有针对性地为其发放带有该科目正价课介绍及优惠信息的链接，这样一来，用户的接受度和转化率都会提高。

当然这是理想情况，更多的时候还需要人为沟通，确认意向，所以需要配备相应的销售、导购人员。但这类人员要处理的情况比较多，如果没有经过标准化的培训，很容易出现失误，导致高意向用户的流失。

我们可以考虑使用基于企业微信开发的个人 SOP 功能。该功能原理很简单，就是提前利用工具设置好在固定时间所要发的内容，这样可以大大提升触达的效率，优化效果。

比如可以这样设置：

○　在用户添加企业微信后，立刻向其发送欢迎语、电子资料和产品介绍，轻度留存用户，并让对方快速了解产品；

○　添加用户 6 小时后，推送限时免费直播课，让用户体验产品；

○　添加用户 1 天后，推送一张大额课程优惠券，刺激用户下首单。

以上只是举例，在实际设置个人 SOP 时，要根据运营目的、运营节奏等设计更精细的内容。

比如某个免费直播活动，需要用企业微信频繁触达用户完成签到、听课、抽奖等任务，这就需要先设置好活动节奏所对应的个人 SOP，系统会定时提醒运营人员，应该给某位用户发送某条提醒签到、上课、抽奖等任务的文案，确保达成活动目的。

2.4　企业微信群运营

建立企业微信群，将用户集中运营，是必不可少的留存方式，也是效果极佳的运营策略。由于第三章比较细致地讲解了社群促活方面的内容，本节就结合企业微信功能，简单介绍企业微信群里的运营技巧。

2.4.1　拉群

拉群过程中的激活技巧，非常有助于提升社群留存的整体效果。

企业微信的拉群方式目前分为手动拉群和自动拉群，手动拉群很好理解，选中一批好友直接拉群即可，但这种方式效率较低。

那么自动拉群是不是就能解决问题？其实企业微信不支持实际的自动拉群功能。

目前可以实现类似自动拉群效果的方式是：提前建立多个企业微信群（带上标签，便于分层管理），将这些二维码上传至第三方工具后台，方便群满后及时切换，然后选中带有标签的目标用户，群发推送入群邀请语和群二维码，用户收到后如有意向，会直接扫码入群。

此外，还需要提前设置欢迎语，比如某企业在直播活动时，将社群欢迎语设置成"直播时间+直播环节预告"，当新用户进群时就会触发欢迎语，方便他们记住直播时间与直播流程，提高直播活动的参与率。

再比如某零售公司的企业微信群，用户扫码进群后立刻收到了欢迎语，告知用户到小程序领取入群福利——三天有效期的 5 折优惠券，目的是让用户感受到群的价值，将更多用户沉淀在群内，顺利完成转化。

2.4.2 群关键词与群 SOP

在运营企业微信群时，可以积极利用关键词做好用户沉淀，提升运营效率和群内体验，企业微信群的关键词设置步骤如下：先在群里添加小助理机器人，然后在企业微信管理后台设置多个自动回复的关键词，每个关键词可以配置 2 条自动回复的内容。配置好后，用户@机器人并带上关键词，就可以收到内容。

比如我曾经运营过家长企业微信群，因为里面都是通过活动聚集起来的家长，他们有很强的学习需求，所以我准备了很多资料与视频，分别匹配了对应关键词，在入群欢迎语和日常回复的话术里，告知他们@机器人并回复对应关键词，就可以获得相关资料，资料以网页的形式展示，经过一段时间的运营后，用户的反馈不错，群氛围也活跃了很多。

但设置群内关键词，只能解决部分效率与体验问题，因为对企业微信群来说，群管理员主动发送规划好的内容才是群运营最核心的手段，但面对较大规模的群和不同运营节奏的群，很容易出现失误。

以教育行业为例，大多数教育公司均使用企业微信群作为服务用户的载体，在服务期，班主任需要每天在群里发布大量服务性内容，比如提醒预习、催出勤、答疑、课程"加餐"、发优惠信息等，如果稍有不慎发错了群或发错了内容，用户就会质疑其服务水平，影响口碑。

使用基于企业微信开发的群 SOP 功能，则可以有效解决这些问题。只需要在第三方工具后台设置好 SOP 规则即可，到了规则生效的时间，系统就会自动提醒该进行哪些操作，群主或班主任只需一键复制 SOP 里准备好的内容，发到指定企业微信群即可。

2.4.3　群打卡、群直播、群接龙

群打卡、群直播、群接龙是常用的社群促活策略，这里简单阐述这些策略如何在企业微信群里展开。

在企业微信群开展打卡活动，其实可以依托第三方工具配置群打卡功能，还可以结合产品促销活动设计阶梯奖励，同时提升群内活跃度与转化率。

比如我曾加入一个企业微信群，报名 21 天早起打卡活动，每

完成 7 天早起打卡任务，就可以获得一张 1 元引流商品专属券，完成 21 天早起打卡任务，就可以 0 元获得专属礼品。满足对应打卡天数后，页面会弹出一个二维码，引导用户添加企业微信领取奖励，同时引导转化。

如果想在企业微信群开展直播，形式上有多种选择，除了企业微信自带的直播功能（适合粉丝聊天互动与知识教学），可以选择带有促销功能的第三方直播工具，比如微信推出的看点直播小程序，也可以使用视频号直播功能，同时提升群活跃度和转化率。

比如瑞幸咖啡经常邀请咖啡大牛到企业微信群进行直播，讲解与咖啡有关的知识，以此提升品牌口碑和专业度，同时配合发放限时消费券，引导群内用户下单。

群接龙是非常好的活跃群内氛围的手段，本质上依靠从众效应，群主发起任何消息，都可以引导群成员回复固定的内容。为了筛选出有意向的活跃用户，可以发起预约报名类的活动，再使用企业微信的群接龙功能。

比如教育类企业微信群中的用户都是学员，想要报名课程的用户可以参与群主发起的接龙，这时可以给予前几位参与接龙的用户一些奖励，这样可以有效提升企业微信群的整体活跃度。

2.5　被动转化与朋友圈运营

在企业微信引流和增长的过程中，可以通过植入产品优惠活动完成被动转化，比如教育行业的 0 元课，转化率一般在 10%以上。

我总结了两个被动转化方式，仅供参考。

第一个方式：当用户添加企业微信时，企业微信名片下的企业信息可以配置多个引流位，这样能在添加好友前对高意向用户直接进行转化。

第二个方式：当用户参加企业微信裂变增长活动时，企业可以在首次发送的任务消息里加入产品优惠活动。

目前，企业借助第三方工具，可以确保用户在添加企业微信后同时收到包含三种形式"文字+图片+图文"或"文字+图片+小程序"的消息。我更推荐"文字+图片+图文"的消息组合，这样可以引导用户进群、添加个人号或购买产品，具体方式是在图文消息里配置进群活码链接、个人号活码链接和产品购买链接。

最后简单聊聊企业微信朋友圈。

目前来说，企业微信朋友圈在实际的留存与转化运营中作用不大，主要原因是以前企业微信好友每天只能看到一条朋友圈，虽然现在已经放开限制，用户一天内可以看到三条朋友圈，但相比于个人微信朋友圈，企业微信朋友圈的运营效果差了很多。朋友圈的营销能力依旧被弱化，尤其是采用剧本营销方式的朋友圈运营人员，依旧不适合企业微信，所以整体上还需做进一步观察。

另外，虽然有的企业微信服务商提供历史朋友圈功能（伪造过去发的朋友圈消息，实际可能并没有发过，目的是迎合用户添加个人微信之后浏览朋友圈的习惯。目前微信官方已经开放了企业微信历史朋友圈功能，可以不用再进行伪造），目的是影响新用户的转化，但实际作用并不明显。

所以，企业微信朋友圈的运营无须单独赘述，也许结合企业微信整体的分层运营策略（分层群发、分层拉群、分层发朋友圈），更能凸显它的作用与价值。

第 **5** 章

视频号留量运营实战

　　视频号是微信近几年大力推广的两个"流量新基建"之一，被大多数人认为是微信抓住短视频风口的最大动作，后来的事实也证明了这一点。微信通过大力推广和陆续完善视频号的主要功能，最终补上了微信生态的最后一块流量版图。

　　那么，作为增长人该如何抓住这一流量红利？本章将为读者解读。

1　什么是视频号

1.1　视频号的意义

视频号是微信内方便用户使用视频方式记录个人生活的工具，以短视频为主要形式，对标抖音和快手，入口在微信"发现"页面，位于"朋友圈"下方，其重要程度不言而喻。

视频号自诞生以来就处在红利发展期，日活达到 2 亿，当然这是依托微信 10 亿用户的基础发展而来的，但也证明了视频号有非常大的探索空间，对于错失抖音和快手红利的人来说，这是可以抓住的最后的短视频风口。

很多人会纠结视频号与抖音、快手有何不同，实际上从产品使用者的角度来说并没有多大区别，页面几乎一样，而且都使用推荐算法，内容也没有壁垒可言，何况视频号还处于发展初期，曾经在抖音、快手流行的套路都会慢慢出现，并且会诞生新的套路。

难道没有任何明显的差别吗？答案是有的，那就是视频号的内容更侧重社交，主要体现在两点。

第一，视频号的算法推荐很大一部分包含社交推荐成分，一条视频如果有非常多的好友点赞就会完成视频冷启动，成为爆款的概率也更高。另外好友点赞的视频也会被推荐给你，比如在视频号的"朋友"页面就可以看到某个视频被多少好友点赞。

第二，视频号作为微信生态的重要补充，打通了公众号、朋友圈、微信群、搜一搜、个人号等微信生态的主要流量模块，这使视频号运营者可以借助熟人社交关系进行丰富的营销尝试，让微信流量的转化变得更加容易。

1.2 视频号的流量逻辑

既然谈到了视频号的社交属性，就可以讨论一下视频号在微信生态中完整的流量逻辑。

视频号的流量逻辑分为两个方面，一方面是视频号自身的流量定位，也就是视频号内部的账号定位及其相互间的作用，另一方面是视频号与微信生态其他板块如何进行流量结合。

1.2.1 视频号自身的流量逻辑

如果独立运营视频号，其获取流量的逻辑就是依靠内容吸引粉丝，触发社交算法推荐机制，但不同内容吸引的粉丝不一样，这会导致同一企业培育出多个不同定位的视频号。根据实际经验，它们之间不可能没有关联，所以可以围绕共同目的进行不同分工，这个目的就是帮助同一企业或品牌获取足够多的潜在用户。

以教育行业为例，一般可以把视频号分为五种，分别是品牌号、业务号、养鱼号、教师号和功能号。

品牌号非常容易理解，是企业为了宣传自身形象而建立的，发布的内容以企业内部活动、业务发展、企业动态为主，本质就是一个短视频化的企业网站，不是企业主要的流量阵地，仅适合商务合作、品牌宣传，或在业务中作为介绍品牌的物料进行使用，多为企业网站。

功能号与品牌号的定位基本相似，也是为企业自身服务的，而不是用来获取用户的。功能号的运营者主要是企业职能部门，比如人力资源部会发布对内服务、培训招聘方面的视频，多为招聘内推、团队建设等活动导流。

业务号、养鱼号和教师号是教育类企业利用视频号获取流量的主体，我们常见的视频号也属于这三类。这三类视频号的核心定位其实是一致的，即为企业的流量提供变现服务，但在实际运营上有很大差异，在流量定位上也有所不同。

业务号，顾名思义就是发布的内容与企业业务直接挂钩，比如发布详细的课程内容介绍、课程教学流程解读、线下实体店宣传等。目的是引导用户产生最直接的需求，顺势导流给具体的课程，引导购买，或领取相关学习资料（比如留存资料，到店领取），直接促进业务增长。

业务号虽然和业务挂钩，但实际需要养鱼号、教师号及其他渠道提供流量，也就是说，养鱼号和教师号才是企业利用视频号获取流量的核心工具，业务号只是实现流量的转化。

养鱼号的流量定位是获取大量的潜在用户，吸引用户的核心内容是教育行业动态（2B 教育公司常用来吸引流量）和教育冷门知识。这些内容的呈现形式较为丰富，动画、知识导图、真人剧情等都会被采用，为了提供不一样的观看体验，偶尔也会植入产品进行导流，促进业务发展。

教师号是目前教育企业最重要的视频号类型，本质属于 IP 号（个人品牌）。教师是教育企业最核心的资产和最直观的优势，通过教师产出专业知识和教育方法，比如提供教学视频、录制课程和分享学习方法等，可以有效降低运营门槛。培养一批教师号，形成视频号流量矩阵，既能为课程产品导流，又能为养鱼号和业务号导流。

1.2.2 视频号在微信生态中的流量逻辑

视频号的出现加强和完善了微信生态里"人、内容和服务"三位一体的商业闭环。

所谓人，就是个人微信号和朋友圈，微信号是人在微信中的主体，朋友圈是人展示形象的最大出口。

所谓内容，就是公众号和视频号，公众号以图文为主，视频号以短视频为主，满足人的精神需求，然后产生订阅关系，构建最基础、最广泛的流量池。

所谓服务，就是微信群和小程序，以及公众号的相关功能（比如支付、订阅）和视频号的相关功能（直播和小商店），为人提供满足需求的解决方案，完成流量变现。

　　以上是微信生态里主要流量模块的大致关系，但在实际应用中，不同企业对视频号的作用的理解是不一样的，比如有的把视频号当作留存工具，有的当作变现模式，有的当作最主要的流量渠道。

　　某成人英语教育品牌视频号运营体系如图 5-1-1 所示，其视频号主要通过内容运营来获取流量，以主页展示、加外链等方式为公众号和个人号导流并留存社群，也可以借用直播等形式在小商店（本质是小程序）完成变现，公众号也会通过卡片引流的形式（比如文章植入）导一部分流量给视频号，作为回馈和补充。所以从整体看，视频号是整个体系的流量入口，个人号、公众号、社群是留存的主体，小程序则是变现方式之一。

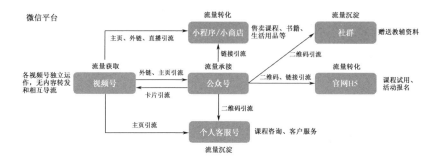

图 5-1-1　某成人英语教育品牌视频号运营体系

2 视频号内容运营实战

从本节开始就正式进入视频号的运营实操内容，先从视频号的内容运营讲起。

2.1 视频号账号定位

视频号内容运营的第一步是明确账号的定位，往小了说，就是账号简介的内容，往大了说，就是通过发布一系列内容而形成的认知形象。

那么，如何确定一个视频号账号的具体定位？可以通过以下两个问题进行梳理：

○ 你想做一个什么样的视频号？

○ 你希望视频号带来什么价值？

如图 5-2-1 所示，我们以视频号"大高教英语"为例，进行定位拆解。

大高教英语

教育博主 ☑️

浙江 杭州 男

🔥教英语10年 全网1000万人跟我学英语
📖本科保送南京大学，硕士留学 (世界排名前50)
💪晚上七点直播，点下面可预约
🀄会说中文就能学好英语
公众号: 好成绩课堂

图 5-2-1 视频号"大高教英语"账号信息

第一个问题: 你想做一个什么样的视频号? 这里主要包括具体的领域和人群。很明显，该账号是英语教学账号，教用户学习英语，而且面向的是英语初学者，人群定位相对明确。

第二个问题: 你希望视频号带来什么价值? 这个问题包括所要解决的实际问题和自身优势。通过描述可以看出，该账号想要解决的是英语学习难的问题，自身优势则是教龄长（10 年）、高学历背景（海归）和学员众多（1000 万人），并且还明确告知粉丝具体的直播时间，提供了很强的价值感。

可以发现，借助这两个问题很容易就能确定一个视频号的定位，尤其适用于养鱼号和 IP 号的运营。

另外，企业也需要花时间梳理哪些元素能够成为视频号定位所需的内容，例如教育企业常用的教师号，需要对老师的情况了如指掌，包括老师的从业经历、平时的讲课风格、获得过的荣誉等，事无巨细，寻找亮点，并且在合理范围内打造人设。

2.2　视频号内容形式

明确视频号定位之后，就要正式开始内容运营与输出，这里包含很多细节：

○　在视频素材方面，优先拍摄和录制原创视频，其次选择解读其他平台的视频、电影、电视剧、动漫、综艺等片段；

○　在视频生产思路方面，原创第一，同时学习并借鉴爆款视频的制作思路，注重反转、冲突，戳中用户需求；

○　在视频更新方面，单日最好不超过 6 条，具体更新时间可选在 7:00—8:00、10:00—12:00、18:00—20:00 三个时段。

其中第二条，对视频播放数据的影响最大，值得深入分析，接下来就以教育行业的视频号为例，讲解目前常见的内容形式及思路。

2.2.1　真人出镜+口播+Vlog

这是教育行业视频号里最为常见的一种内容形式，它的制作逻辑非常简单。首先邀请一位老师出镜拍摄，然后直接讲述内容，有时候背景比较简单，老师没有任何动作，有时候需要类似黑板的道具作为教具，老师边写边讲。

这种形式非常类似于传统课堂，能够贴近用户，在职业教育等领域应用较多，是养鱼号和教师号最主要的内容形式。

比如某在线教育公司就打造了一系列生产该形式内容的视频号,其中一个大号的内容场景就是老师一个人背靠黑板讲题,内容十分优质。

再如这个公司旗下的另一个视频号,是一个专门介绍传统知识的视频号,但背景以户外为主,讲解风格轻松活泼,主播也长得比较可爱,整体内容风格很像 Vlog。

提到 Vlog,就不得不说视频号肖逸群 Alex(后改名为私域肖厂长),这是一个带有个人 IP 属性的职场类视频号,其从最初的纯口播视频转变为口播 Vlog。运营者在总结这段经验时提到,纯口播胜在生产门槛低,但内容观点和镜头表达需要有特点,而口播 Vlog 是口播内容与 Vlog 交叉呈现,体验感更好,也能较好地体现个人 IP,虽然生产门槛略有提升,但整体效果更稳定。

通过观察多个此类视频号,我们可以总结出三个特点:

其一,内容定位非常清晰,比如只生产具体学段、具体科目的内容,而且围绕的是单一价值点,给粉丝的感受就是干货十足。

其二,老师真人出镜,后期可升级为口播 Vlog,能直接呈现真实的 IP 形象,拉近与粉丝的距离,获取粉丝信任,增加粉丝黏性。

其三,生产门槛较低,即使转变为 Vlog,风格影响也不大,因为只需要准备好干货内容文案,录制即可,不需要太多花哨的创意。

作为目前较为主流的内容形式,必然会产生风格同质化问题,有的视频号运营者通过合理安排内容输出的节奏来弱化这种影响。

还以某在线教育公司旗下的视频号为例，它们的号平时会推送学科知识，但在特殊节点会推送学习技巧、与假期生活相关的内容，频率也会有所调整。

还有一些同领域账号，会在日常推送知识干货时，插播说教类内容，代替父母说一些平时想对孩子说又不太敢说的话，这些内容很容易戳中父母的痛点，点赞数和转发率非常高，有较强的引流效应。

2.2.2　真人对比演绎

这种内容形式比较适合效果容易外化的领域，如语言培训机构的视频号和素质教育培训机构的视频号。以某成人英语机构的视频号为例。视频画面会分成左右两部分，老师一人分饰两角，左边的老师按错误的方式演绎，右边的老师按正确的方式演绎。通过这种直观的对比，生动、形象地把某个知识点讲解清楚。

2.2.3　情景剧模式

情景剧模式是视频号应用较多的一种内容形式，起量效果很好，现在已经成为新趋势。

它的逻辑也比较简单，就是通过设计一段有趣的剧情，将想要表达的观点或讲解的知识点融入其中，让用户在观看剧情的同时，既放松了心情，又收获了知识。

情景剧模式对于塑造和强化 IP 有很好的效果，这方面的典型代表就是朱一旦，他能被大家记住，就是因为其在各种剧中扮演的手戴劳力士的老板。

当然，情景剧模式的生产门槛很高，不仅需要挑选演员，还要设计足够有意思的脚本，这不是一个人能完成的事情，而是需要一个团队。

在我从事的教育行业，有很多将娱乐性与教育价值结合得比较好的案例，比如某教育公司旗下的视频号，它的定位是语文教育，视频号内容围绕古风路线创作了非常多的短视频，讲述的是考神与高中生的一系列故事，让粉丝能够借此了解相关的语文知识。

实际上，情景剧模式往往遵循一定的套路，我们需要不断研究和学习。这里分享一个教育类剧情视频号的内容创作格式，帮助读者加深理解：

○　开头：演绎一段剧情，准备引出某个知识点；

○　中间：知识点的讲解部分，是视频内容的主体；

○　结尾：设计一个出其不意的反转，搭配代入感强的音乐，发人深省。

2.2.4　无人演示

有人在做视频号时会面临一个问题：没有真人愿意出镜，但依旧要输出内容，这时有没有其他合适的形式？

答案是有的，这个形式就是无人演示，不需要口播，只需要录制操作过程，配上字幕，加上电脑配音即可。

最典型的无人演示就是手写白板。首先将镜头对准一块黑板或一张 A4 纸，然后在上面列举需要讲解的题目或知识点，最后由老师手写解题过程，搭配字幕和电脑配音即可，也可以由老师录制画外音讲解。

这种模式的生产门槛比真人口播要低，呈现给用户的内容更清晰、直观，但缺点也很明显，无法帮助学生打造记忆点，不利于获取流量。

还有一类无人演示是录屏教学，尤其适用于职业教育，比如 PPT 与 Excel 操作教学、PS 软件使用教学等，只需要截取电脑屏幕，录制一段使用这类工具某个功能的讲解视频，剪辑发布即可。

我观察到很多职业教育视频号通过播放这种内容吸引流量，数据普遍较好，稍微高级一点的会参考 Vlog，视频开头是真人解说，然后是录屏教学，最后展示成品或总结知识点，用户体验很好。

以上就是我总结的几种视频号内容形式，现实中还有很多其他形式，比如原创动画、动态导图、动态 PPT 等，企业和个人可以根据视频号的定位及内容资源设计具体的内容运营策略。

总之，视频号的内容形式会随着视频号的发展而层出不穷，但有一点要明确，无论什么内容形式都不可能"一招鲜，吃遍天"，视频号运营者要结合实际不断探索新的形式，吸引更多潜在用户。

3 视频号引流转化实战

除了内容，其他层面对视频号的增长同样重要，本节就从涨粉和变现两个层面，系统介绍视频号实战增长策略。

3.1 视频号涨粉策略

视频号除了依靠内容涨粉，还有许多涨粉策略，我将其分成两类，一类是自然被动涨粉，另一类是运营驱动涨粉。

3.1.1 自然被动涨粉

所谓自然被动涨粉，就是不过度依靠内容和运营，只在一些固定渠道曝光就可以实现视频号被动涨粉，这些渠道大多是微信生态的流量模块，具体如下：

○ 发现页-视频号：打开微信，选择"发现页"，"朋友圈"下面就是"视频号"，打开即可看到视频，用户看到感兴趣的视频就可能会关注视频号。视频号主页面有三个子页面：关注页、朋友页和推荐页，朋友页为好友点赞过的视频，属于私域渠道，推荐页为算法推荐的视频，属于公域渠道，只要视频内容够好，就可以实现被动涨粉；

○ 发现页-直播："视频号"下方就是"直播"，打开进入视频号直播页面，有推荐、同城、颜值、购物等多个类目，用户可以根据喜好进入对应的视频号直播间，用户如果觉得主播不错，就有可能关注视频号；

○ 话题标签：在发布视频号内容时，可以带上一个标签，这样视频会在话题标签的聚合页中展示。当用户访问该标签聚合页时，就有可能浏览到你的视频并关注视频号；

○ 看一看：和视频号一样都在发现页，打开后进入"热点广场"，你会发现"热点视频"板块可以直接展示相关热点视频，如果视频够好，同样能够吸引用户关注；

○ 搜一搜：打开发现页-搜一搜，输入关键词，就可以发现视频号动态，也能选择搜索框下方"视频号"，找到视频号和相应内容。另外，在发送信息时输入"#"，再加上关键词，关键词会变为蓝色字体，点击蓝色字体也可搜索视频号内容，这是非常大的曝光渠道；

○ 附近：在发现页-搜一搜的下侧，点开后可以看到同城直播和地区视频（比如用户在北京就会显示北京的视频）两个子页面，它们分别是视频号的直播和视频，适合自然被动涨粉；

○ 公众号主页和卡片链接：视频号支持和公众号相互绑定，在公众号主页可以看到"视频号：××××"的蓝色字样，点击即可跳转到视频号主页。另外，公众号图文也可以插入视频号的卡片链接，为视频号引流；

○ 个人微信名片页：视频号是以个人微信为基础开通的，也支持在个人微信内进行展示。具体位置在个人微信名片页，当好友访问时会看到"视频号"。视频号支持展示部分作品，点击之后可进入视频号主页。该渠道适用于 IP 运营，用户添加你为好友的同时，也会关注视频号。

以上就是主要的视频号被动涨粉渠道。当然，视频号及其视频内容可以被分享，所以私聊、微信群、朋友圈也是视频号涨粉的渠道，但要结合运营目的，也要看内容值不值得分享，只有好内容才有可能吸引粉丝点赞和关注。

当然，可以找大 V 录视频推荐你的视频号，进行涨粉，也可以专门组建社群或进入可以互相给视频号点赞的社群，在群里发红包，让群友给视频号内容点赞。但是这不利于视频号的冷启动，而且越往后点赞的价格越贵，所以最好能自建社群并设计一系列策略，获取有效点赞。

另外，线下也可以作为视频号粉丝增长的渠道，可以用领红包的名义在固定位置投放视频号二维码，吸引用户扫码关注，也可以做地推，主动让别人扫码关注。

我曾在等地铁时遇到一个女生，她希望我加她好友，我出于好奇心扫了码，扫完后直接进入视频号主页，然后右划了一下屏幕，发现是她的个人微信主页，这让我感到很震惊。这说明那些扫码的人可以被留为视频号粉丝和个人微信好友。

总之，好好利用自然渠道被动涨粉，能让视频号有非常可观的粉丝基础，这时再搭配运营驱动的涨粉方式，就可以事半功倍，取得不错的增长效果。

3.1.2　运营驱动涨粉

所谓运营驱动涨粉，就是设计一系列活动，影响用户与视频号的相关行为，从而促进视频号渠道粉丝数量的增长。

要如何运营？这里主要介绍两种玩法。

第一种玩法，内容征集。这种玩法的逻辑很简单，就是在固定渠道通知用户，针对某一个话题录制小视频，然后发布到自己的视频号，每个视频都要带上统一的话题标签并@组织者的视频号。当然，组织者的视频号也会发布同主题的视频或发起号召，集体曝光在同一个话题标签聚合页。利用这种方式大量曝光，实现被动引流，话题关注度越高，涨粉概率越大。

这种方式为什么能引流呢？这是因为每个视频都要@组织者的视频号，所以一定会有好奇的观众点击查看，自然也就会有关注度。这时如果要求每个参与话题的视频号发布者提醒用户关注其@的组织者视频号就有福利，涨粉效率会更高。

举一个例子，某在线教育机构曾举办过一个类似的活动，大体流程如下：

第一步：关注某个视频号；

第二步：要求用户在个人视频号发布视频，用文字描述并带上话题#思维带来的变化，并@该视频号；

第三步：邀请好友为自己发布的视频点赞。

这里比较关键的步骤是文字描述和话题，这一步必须严格要求，组织者给出了具体说明：文字描述在 50 字以内，内容主要是在该机构的学习感受；话题名称不能打错，否则视为无效；视频内容必须为家长口述，内容和文字描述一致。

为了激励家长更好地参与活动，该机构还设置了奖励，根据点赞数量进行排名，按排名范围分别给予不同价值的实物奖励，多为品牌周边，比如行李箱、玩偶、笔记本等。

通过这个案例我们可以发现，该教育机构充分利用视频号功能，既实现了曝光涨粉，又拥有了非常好的口碑外化效果。

第二种玩法，点赞裂变。视频号的点赞裂变实际包含了点赞和分享，甚至可以把评论包含在里面。视频号内容的点赞、分享、评论，会大大影响内容的推荐效果，其中点赞的影响比较大，好友点赞越多，内容越容易被推荐给粉丝的朋友们，涨粉也越容易，这是一种基于算法的社交裂变（据说 10 个赞能带来 1 个粉丝）。

具体怎么做呢？有这样几种方法。

第一种方法：先引导用户关注视频号，然后让他们选一个或几个视频点赞并分享到朋友圈，同时可以要求其让好友点赞，然后提供截图供组织者审核，获取奖励。

　　比如某素质教育品牌，要求用户关注某个视频号，然后分享视频号内容到朋友圈并保留 24 小时，之后截图上传到一个固定入口，由人工进行审核，满足要求就能得到积分奖励。

　　第二种方法：建立专门的活动群，并发布活动的解读视频，告知用户未来会发布多少条关于某话题的视频，要求用户完成每天给视频点赞和评论的任务，按照坚持点赞的天数或点赞的视频数给予奖励，奖励依据依旧为用户截图。还可以找一些活跃的推广人进行推广，每人单推一条视频拉人点赞（在视频号朋友页可以看到朋友点赞数），满足要求就发放奖励。

　　这种方法是第一种方法的升级版，好处是可以规模化涨粉，前提是有一定粉丝或种子用户。

　　该方法的缺点也非常明显（包括第一种方法），需要人工统计，成本较高，如果要采用以上两种方法为视频号涨粉，必须先预估人力和精力，提前做好准备。

　　针对第二种方法，再举一个例子进行说明。

　　某在线教育品牌发起寒假学习打卡活动，逻辑是这样的：首先在视频号首页置顶活动规则、讲解视频和进群二维码图片，然后按照活动规则引导粉丝点赞、打卡。

　　活动规则如下：

　　○　每天在更新的视频下点赞和评论，记为 1 次打卡；

　　○　打卡满 7 天可以获得专属开学资料包 1 份；

○ 打卡满 21 天可以获得老师精选的辅导资料并包邮到家。

利用这种阶梯打卡活动，驱动用户对视频号内容进行点赞和评论，能够产生被系统判定为优质内容的视频，从而获得流量推荐。

第三种方法：首先设计一种奖励，专门录制一个视频介绍奖励并发布到视频号，然后在视频下方植入扩展链接，引导用户点击图文并扫码添加企业微信、个人微信或进社群，最后引导用户点赞、评论或转发视频号内容并提供截图，审核通过后发放奖励。

这个方法的路径看似很长，其实很简单，不过有一些细节需要注意：首先，要在视频和扩展链接的图文中好好介绍奖励的价值，吸引用户的注意力；其次，视频的文字描述要简洁，用箭头引导至扩展链接，只告诉用户一件事——点击；最后，添加好友或进群后的话术也要简洁，优先引导用户点赞和评论，让用户评论的好处是可以引发羊群效应，比如我让用户评论"已领取"，视频中就会飘出大量弹幕，从而引发后续用户的好奇心，让用户参与度变高。

这里举一个采用相似逻辑的例子，同样是某教育公司设计的活动。

首先在视频号推送的视频下方加入扩展链接，用户点击后进入图文页面，用文案引导用户添加企业微信；添加后，企业微信自动触发一条语音消息和一个入群链接；用户进群后，群管理员会介绍获取积分的规则，该规则是围绕视频号设计的，驱使用户传播视频号内容。点赞并评论视频得 10 分，转发到朋友圈得 15 分。

那么如何判定规则有效并获取积分？很明显，用户需要将点赞、评论和分享视频号的截图发回群内，交由社群机器人审核，社群机器人会发出用户获得积分的提醒，至此整个路径形成闭环。

其实，这套打法有两点对用户来说很有价值：

第一，企业微信和社群双向沉淀，便于后期结合视频号运营用户；

第二，设计积分规则，支持兑换奖品，既能驱动用户传播，又能激活整体价值。

除了直播涨粉，以上就是视频号全部的涨粉方法，读者可以根据实际情况选择使用（直播涨粉的内容会在下一节展开）。

3.2 视频号引流转化

如果视频号涨粉足够多，就可以开启视频号的引流转化之路。

所谓引流转化，就是指在视频号的固定位置曝光活动、产品等带有广告性质的内容，引导粉丝完成领取、添加、付费等转化动作，最终在私域实现留存和变现。

3.2.1 视频号引流方式

接下来我将较为系统地总结一下视频号如何为私域引流，一共有五种方式。

第一种方式：在视频号内容下方放置扩展链接，因为此链接只能是公众号的图文链接，所以需要编辑好图文内容，并放上进入私域渠道的二维码（个人微信、企业微信、社群、小程序、H5 等）。

扩展链接会以蓝色字体显示图文标题，标题必须带有明显的指示性，可以使用类似箭头的字符并加上利益点，比如在视频号内容下方加上"点我→跟×××一起学"或者"→加我微信，免费领取福利"等，最好再加一些增强紧迫感的描述，如"还剩 10 个名额""还有 1 天报名结束"等。

有几点需要补充：

○　如果文字不多，那么扩展链接会在首屏下方展示，这样曝光度最高；如果文字过多，那么扩展链接需要被粉丝点击、评论，用户才能看到；

○　如果想要增强这种方式的引流效果，最好围绕引流链接里的内容设计视频脚本，并在录制的视频里直接引导或留下悬念。这是视频号引流的基本套路；

○　还有哪些视频内容引导方式？口播、画外音、背景墙、彩色字幕、角标等都可以；

○　可以配合评论区，比如发起小游戏让粉丝统一回复"已领取"，形成弹幕刷屏。

第二种方式：在视频号主页直接引流，引导用户添加微信号或关注公众号（公众号如果和视频号绑定，就会直接呈现在视频号主页，显示为蓝色字体"公众号：×××"），一般以新人福利或固定活动作为诱饵。

比如视频号"北京新东方雅思"的主页就带有微信号，通过免费赠送题库吸引用户添加。用户添加后会被拉入微信群，通过社群的方式进行留存转化。此外，该视频号还附有公众号和小商店链接，可以直接引导用户关注公众号或进入小商店下单。

第三种方式：利用主页、视频或直播等渠道，引导粉丝被动私信（可以顺势引导关注）领取额外福利，或者从评论区、点赞区里挑一些粉丝主动私信，以送福利的名义引流。

第四种方式：借助评论区，具体玩法是使用微信号直接评论视频并置顶，还可以使用视频号回复作为补充。说明一下，如果使用第一种方式，就可以放弃使用这种方法，以免给粉丝造成干扰。

第五种方式：在主页置顶一张图片，图片带有文案说明和私域二维码，文案内容中含有长期性的福利或免费活动。

以上就是具体的视频号引流方式，读者可根据实际情况进行选择。

3.2.2 视频号变现模式

视频号变现是在引流基础上实现的，引流的本质是，以某个理由让用户到其他平台完成目标动作，只不过目标动作是付费罢了。

适合视频号的变现模式有以下三种：

第一种，广告变现。

广告变现可以说是所有平台最常见的模式，视频号也不例外。那么视频号如何接广告？一般先由甲方提供公众号图文形式的广告链接，乙方根据广告录制相关主题的视频，广告文案放在视频下方的扩展链接处一同发布。然后根据坑位费结算，一般按粉丝数量计费，比如每一万粉 20～60 元，如果视频号有 10 万粉丝，则一条广告的收益为 200～600 元。

当然，广告形式不止这一种，还有品牌广告和 CPS 广告（即分销）。

有的视频号会拍摄针对某个品牌的原创广告视频，或者直接发布品牌拍好的广告视频，价格取决于视频号粉丝的体量，价格也在持续变动。比如 10 万以上粉丝体量视频号的 30 秒内原创广告价格在 1.5 万元以上，直发广告价格在 6000 元至 1.5 万元。

此外，2021 年 6 月 30 日，微信上线了视频号广告互选平台，广告主可根据品牌调性、目标群体、内容风格等，在视频号互选平台上邀请心仪的视频号创作者进行广告合作。视频号创作者会根据广告主的需求和粉丝偏好，在规定时间内完成内容制作并发布视频。

广告互选平台的上线，意味着视频号广告模式变得流程化，这对视频号作者和广告主来说都是有益的。

CPS 广告就很好理解了，在视频号引流位置放引导分销链接即可，比如电子小说分销。当用户点开视频下方链接时，会发现只有部分小说内容，要想阅读完整版需要付费，这就会产生分销收入，方式为按比例结算。

第二种，付费课程。

这是职场类、教育类视频号最主要的变现方式，一般在视频号引流位置投放免费课、低价课或咨询服务，然后引导至私域进行转化，或者让用户点击小商店直接购买课程。

比如视频号"大高教英语"就在视频下方发布链接，告知用户如何免费听直播课。用户点击后跳转到公众号图文链接，引导用户添加企业微信，领取免费试听课，并最终购买正价课。

关于具体如何在私域中进行转化，可以参考本书第二章的相关内容。

第三种，电商。

视频号也适合电商，可以借助小商店（关联视频号且上架商品，可以在主页下方"动态"旁边看到"商品"展示页，在直播时也会显示），上架实物商品进行售卖；也可以在视频下方植入公众号图文链接，图文内容放外链或二维码，让用户跳转到其他平台或小程序购买商品；还可以在所有引流位置曝光并将用户沉淀至私域，用专门的社群开展团购。

比如一些美食类、母婴类、生活类视频号会进行"种草"，视频底部插入"购买视频同款商品"的链接。用户进去会发现图文中有商品的小程序，如有意向便会购买。

当然，变现模式还有很多。只要你有合适的变现产品或服务，就可以利用视频号赚钱，前提是要做好流量，然后引流、转化。

3.2.3 视频号直播运营

最后讲一讲视频号直播运营。

视频号直播其实也是视频号涨粉、引流、转化的一种手段，比如某教育类视频号会在直播前进行预告，然后通过直播引导观众关注视频号或公众号，或者引导用户到小商店直接购买教育产品。

可以发现，视频号直播的基础逻辑乃至实战玩法和前面讲到的内容如出一辙，而且与抖音、快手等平台在功能上非常相似，所以本节不再具体拆解如何用直播进行涨粉和变现（可阅读作者另一本书《从流量到留量》的相关章节），而是主要介绍视频号直播运营中需要注意的细节。

首先，视频号直播可以被算法推荐，也可以从"发现页-直播"进入，也就是在"视频号"的下方，这是目前最主要的入口之一。除此之外，还有六个主要入口：

○　视频号主页：可以看到直播预告，并且有预约功能，直播开始前可以收到提醒。

○　视频号内容：用户浏览视频号内容时，可以在视频左下方预约直播。

○　订阅号：如果直播正在进行，与视频号绑定的订阅号会显示"直播中"，用户在浏览订阅号信息流内容和点击"常读的公众号"时，可以看到"直播中"状态的视频号，由此进入直播间。

○　服务号：如果视频号绑定服务号，"直播中"的提示会出现在公众号对话页上方。

○　卡片链接：在公众号可以预约视频号直播，只要提前在图文内插入直播预约卡片的链接。

○ 社交分享：视频号直播支持用户分享到私信场景、群聊场景和朋友圈，这对于直播间流量引入非常有帮助。

直播间有了观众，接下来的问题就是如何与观众互动，完成转化。我总结了业内经验，形成了以下直播运营清单。

清单第一项：做好直播前的相关准备。

虽然发起直播的门槛并不高，但如果想让直播真正产生效用，就必须谨慎对待，做好一切准备。

首先是直播选题涉及话题和嘉宾。用户会出于习惯预约直播，被感兴趣的话题或嘉宾吸引，所以在选话题时优先要考虑热点，尤其可以将多个热点组合在直播里。另外最好与所处领域或圈子里知名度相对高的嘉宾进行连线，由对方解读这些热点话题，这样直播的吸引力会更大，也更方便制作直播封面和海报等宣传素材。

带货直播也是如此，只不过话题变成了商品，尽量选择大牌或网红商品，便于宣传。

其次，直播间要准备好物料，包括话题稿、海报、场地、桌椅、背景墙、KT板、纸笔、道具、话筒、收音设备、音响、投屏等一切可能要用到的东西，如果是宣讲类直播还需要准备PPT。

再次，还需要建立直播专属收听群，便于配合直播互动与服务，以及提前测试直播的稳定性。

准备好以上内容就可以在各渠道进行宣发了，让用户提前预约，等待开播。

最后就是人员的分工，除了主播和副播，要安排专人负责控场、商品上架和改价、发货、流量承接、联系嘉宾等工作。

清单第二项：直播内容策划。

直播前需要策划好直播脚本，按照脚本开展直播会更加稳妥，效果也会更好，你能知道什么时间该说什么，什么时间不能忘记说什么。

一个合格的直播脚本带有具体时间标记，拿带货类直播来说，分为单品直播脚本和整场直播脚本。其中单品直播脚本就是某个商品的脚本，围绕商品卖点设计直播内容，一般会用表格单独标记某个商品。要将卖点、活动、话术等对应好，避免主播介绍的时候手忙脚乱。整场直播脚本就是围绕整个直播流程设计的内容细节，而不是所有单品脚本的合集，目的是规范直播的节奏和流程，其中还会有串场等环节的内容设计。

当然，不同类型直播的内容设计是不同的。比如宣讲类直播的脚本就是 PPT，是供观众看的脚本，也是对观众有帮助的脚本；再比如社交类直播基本没有脚本，主播大多想到什么聊什么，所以直播内容的策划依据就是直播目的，目的决定一切，围绕目的去设计直播该怎么做、做什么。

清单第三项：直播话术设计。

很多人开播之后不知道怎么讲，或者不敢讲，害怕失误，即使有脚本也会犹犹豫豫。因此最好在开始直播前就想好在不同场景下该说些什么。

这里整理了一些常用话术，希望能对读者有所帮助。

○ 介绍话术：先跟用户打招呼，介绍一下自己，最好从自身的显著标签入手。

比如如果是 HR 领域的职场博主，可以直接告诉用户"大家好，我是×××，面试过×××人，求职有问题就可以找我哦。"

如果是新主播，会因为缺乏经验而紧张，可以在介绍时表达出来，用真诚博取用户的好感，比如"大家好，这是我第一次直播，有一点紧张，感谢大家的支持。"

○ 欢迎话术：当直播间有新用户进来时，要及时表示欢迎，让用户感到被重视。

比如"欢迎××来到我的直播间，这位朋友的名字好有趣"，"欢迎刚进来的小伙伴，今天我会给大家分享求职时的实用面试技巧，可以关注我哦"等。

○ 互动话术：目的是提高直播间用户参与的积极性，调动直播气氛。

视频号直播与其他平台直播一样，也有弹幕功能，当用户在弹幕区提问时，主播要及时与用户互动，回答问题，甚至要在直播主体内容的基础上，穿插回答各种问题。当然，由主播主动和观众互动是最好的，话术可参考以下内容。

比如"有没有人知道×××是什么，知道的回复 666，让我了解一下""这个××有朋友用过吗？用过的回复 1，没用过的回复 2"等。

另外，视频号也支持打赏，所以要特别留意。如果发现用户给博主打赏，就要及时播报并表达感谢，话术也很简单，比如"感谢××送的×××，非常感谢，喜欢的朋友可以点个关注"。

○ 成交话术：这比较考验主播对自家产品或合作产品的品牌、卖点等是否足够了解，更能突出主播是否专业，是否做足功课。

话术方面可更多利用价格、稀缺性等，比如"这套产品在××平台的价格是××元，今晚下单只要×××元，直减××元，仅限今晚""只剩下×件了，还没下单的朋友抓紧了"等。

以上只是举例，至于直播过程中的话术应该怎么设计，最简单的方法就是多看同行的直播，研究他们的直播话术怎么样、好在哪，然后优化自己的直播话术。

清单第四项：直播运营设计。

为了优化直播效果，需要设计一些运营动作，包括分享、抽奖、点赞等，我总结了一些有效且常用的直播运营手段。

观看奖励：为了让更多观众能够全程看完直播，提升直播留存率，可以给每一个进直播间的观众预告——坚持看完直播，最后瓜分×××元红包。这里还可以设计截屏任务，比如在直播的特定时间内截寻宝图，完成这个任务就可以瓜分最后的红包。

裂变有奖：引导观众分享直播间到朋友圈，获取裂变流量，能让直播人气提升 10%~50%，同时可以利用提前建立的社群，让用户在群内提供分享截图，然后找管理员领取奖励。

订立目标：视频号直播支持点赞功能，主播可以跟用户订立一个目标，比如点赞过十万，如果能达成目标就给所有观众发放大额红包，可以显著提升直播间活跃度和留存率。

连麦互动：视频号直播支持视频连麦和语音连麦，我们一般认为连麦（尤其是视频连麦）应该在联系嘉宾时使用，但这实际上是一种直播形式，作为运营手段，观众可以通过连麦和主播进行更亲密的交流。主播可以随机抽取一位观众连麦互动，做游戏、答疑等，这能让直播间氛围更热烈，观众更热情。

清单第五项：直播变现设计。

直播的目的除了涨粉和维护粉丝黏性，就是变现。

直播变现最核心的两个方式是卖产品和打赏，前者只需要开通视频号小商店并上架商品，用户点击直播间下方类似购物车的标志就可以浏览商品并购买；后者在连麦功能旁边有入口，用户打开后可以购买礼物赠送给主播，如"爱心""火箭""干杯"等。其实，直播变现最有效的方式还是卖产品，所以需要围绕此目标设计直播间转化策略。目前直播间转化最基本的操作是"围绕产品卖点设计话术+高频率抽奖活动+限时特价"。比如我曾经做过一场直播带货活动，准备了三款产品进行讲解，这期间共进行了五次抽奖，分别是开场结束后一次、三款产品介绍结束后各一次，直播结束前一次，除了首尾两次抽奖全员参与，剩余三次获奖名额都是从当时下单的观众中抽取的，这大大促进了产品销量的增长。

当然，转化策略有很多，可以根据业务的实际情况进行设计。比如某英语视频号就采用了如下转化策略：直播讲解简单易懂的内容→提醒用户添加个人微信→引导用户到小商店购买365元精品课程。

这里有必要提示一下，企业一定要将用户沉淀到私域。比如在小商店上架的商品说明中提示用户购买后添加微信号，这里可以设计诱饵，增加吸引力，如下单就送一个稀有赠品，但必须添加微信领取。再比如，主播可以利用口播、直播间背景图放提示语等方式，在提醒用户下单的同时，引导用户添加微信，领取奖励，越临近直播结束，越要增加引导频率和力度。

清单第六项：直播收尾。

收尾工作主要包括三项，数据统计、素材整理和复盘。

直播数据的统计一般包括观看人数、最高在线人数、点赞数等直播间数据，订单量、销售额等销售数据，视频号涨粉量、私域添加用户数量等引流数据，还有最重要的投入产出比。

素材整理则包括视频剪辑和图片整理。直播回放中的一些高光时刻和有趣的内容，可以作为视频号的内容来源。直播过程中的一些截图，可以稍加修饰作为朋友圈素材，并结合数据做成战报海报一起发布，外化直播效果。

最后就是整场直播的复盘，企业可以按照实际直播流程与环节去梳理，结合数据分析，看看哪里出现了问题，哪里超出了预期，具体原因是什么，哪些方法可以复用到下一场直播，哪些内容必须在下一场直播中进行优化等，只有经过多次复盘，直播效果才会越来越好。

第 **06** 章

增长操盘手访谈实录

近些年，互联网深刻改变了教育行业，促生了一大批知名的在线教育公司，同时也把互联网领域的流行理念在第一时间带了过来，如用户增长、私域流量等，并在在线教育行业大规模普及，使得行业快速发展。可以这样讲，在线教育领域在运营增长方面的发展，基本上不亚于传统互联网领域的电商。

本章我们邀请了教育行业多位一线增长操盘手，内容涵盖留量运营增长的多个方面，聊聊这些操盘手在教育行业的实操经验和行业见解，为读者提供一些有价值的思考。

1 转介绍

金句时刻：流量运营的最终目的是实现低成本获客。

嘉宾介绍：大萌，字节跳动前瓜瓜龙项目、清北网校等战略级项目资深增长策略负责人。

1.1 目前在线教育都在收紧投放，转战转介绍进行用户增长，在你看来，未来的增长策略会围绕转介绍进行吗，还会有哪些升级？

如果不投放，就会节省成本，那么这么多钱怎么用？所以品牌也不好做，现在很多平台在限制品牌投放，钱自然会投到其他获客渠道，比如线下渠道，其实这就是流量运营。流量运营，顾名思义就是对各个渠道的流量进行再运营和复用。复用的方式有哪些？我们常说的转介绍就是其中一种，此外还有微信生态内的裂变，如任务宝、群裂变、拼团、组队等。总之，核心就是围绕流量的属性和用户所处的生命周期，进行流量的二次开发，最终实现低成本获客。

所以，所谓的升级就是大家会更加系统化、体系化、精细化地对公司当前拥有的流量进行运营。在这个过程中，公司会投入更多的钱和资源，用于学员的激励，老师的激励，产品工具的开发，而转介绍只是其中一种比较重要的方式。高阶的人才还需要从转介绍模式中跳出来，以一个更高的维度去思考，针对不同画像的用户，了解在不同生命周期，到底该用什么样的方式最大限度地刺激学员帮公司拉新。

1.2　目前转介绍包含很多玩法，你最常使用的是哪些，为什么你经常使用这些玩法？

转介绍确实有很多玩法，但不同赛道，不同人群，适用玩法有所差异，因此我从课程形式上简单介绍一下。

（1）直播课形式，每周/每月分享是最主流的方式，以激励分享过程为导向。直播课学员黏性高，而且用户加入的门槛较低（注册即算一个 Leads），同时激励物属于刚需（以课时为主）；

（2）AI 课形式，邀请有礼是最主流的方式，即针对邀请成功的结果进行激励，以激励结果为导向。因为 AI 体验课往往需要家长付费，激励结果能最大限度地提升 Leads 数。

直播课赛道常用的每周/每月分享方式，在 AI 课赛道很难跑通，原因是 AI 课学员黏性低，且用户加入的门槛高（体验课都需要付费），同时缺乏刚需激励物，不管是现金、实物、还是优惠券，对家长来说都是可有可无的。

1.3 目前新兴的启蒙赛道玩家，如何做启动量?

我运营了瓜瓜龙项目，瓜瓜龙开始靠投放起量。还有一些项目靠大 V 推荐起量，也就是 KOL 投放。

1.4 转介绍是不是也有适用边界，什么样的教育产品更适合用转介绍这种方式驱动增长?

我认为边界可以忽略不计，绝大多数教育产品都可以用转介绍获客，不管是 PreK（学前教育），还是 K12、成人培训。教育的底层逻辑就是保证效果，即你学了大概率会有效果。如果有效果，就自然会产生转介绍行为。只是，不同的教育产品，转介绍的模式、逻辑、链路会有一定差异。

当前教育产品里，转介绍做得最好的，当属学前赛道的产品，家长分享意愿很强，很愿意晒娃。

1.5 老用户为什么愿意分享，据你观察，他们愿意分享的原因是什么?

老用户觉得好，便会推荐给朋友，也能帮到朋友，这是最底层的诱因，其他的算次要原因，比如激励很诱人，实物奖品很稀缺，现金奖励很丰富等。同时，如果我推荐给我的朋友，我的朋友也可以有额外激励，我也会更有面子，因此增加被邀请人的亲友福利，也是非常重要的。

1.6 做好转介绍的关键是什么？

转介绍这件事本身确实有几个核心要素，比如激励、海报、活动包装等，这些都很重要，但还需要有全局思维，站在业务角度来审视转介绍。

怎么理解呢？就是基于业务当前现状，了解最合适的转介绍策略。不同业务的发展阶段是不一样的，转介绍策略也需要不断调整。因此，需要做好打长期战的准备，决不能一蹴而就。要时刻站在业务全局来看待转介绍，从而避免陷入复杂的细节中，不会每天都为了改海报话术，改活动主题而忙前忙后，花了很多时间可能也没什么效果。

1.7 做转介绍，需要重点关注什么数据？

用户维度：邀请人用户画像，邀请数量（方便分层运营），带R（推荐）率，邀请人参与生命周期（比如体验课上课期间，结课期间；系统课上课期间，结课期间等）；

邀请人用户画像：邀请人的首购渠道、所在城市、用户年龄、是否续费等；

邀请数量：指的是在一段时间内邀请好友成功购课的数量；

带 R（推荐）率：在一段时期内，老用户带来的 Leads 总数/老用户总量；

活动维度：渗透率、参与率、分享率、回流率、落地页转化率；

渗透率：一段时期内访问过转介绍活动页面的人数/老用户总量；

参与率：点击过参与按钮的人数/访问过活动页面的人数；

分享率：分享成功的人数/点击过参与按钮的人数；

回流率：扫码分享海报的人数/分享成功的人数；

落地页转化率：下单人数/扫码分享海报的人数。

1.8 如果一名新人想做转介绍操盘手，你会给他什么建议和忠告呢？

首先，要把你所在行业中最优秀的竞品转介绍模式、策略、玩法全方位拆解一遍，这会让你有足够多的输入，且不会在后续做决策的时候手足无措。

同时，要坚持长期主义。转介绍是一项系统性工程，一时的得失并不重要，你可能在一段时间内业绩很好，也可能在一段时间内业绩很差，这些起伏非常正常。你要坚信，只要时间足够长，只要方向正确，就一定能取得最终胜利，你也能成为行业里最优秀的操盘手之一。

2 分销

金句时刻: 参与分销最容易爆红的产品，一定是高性价比产品。

嘉宾介绍: 马俑，专注于在线教育用户增长与运营，擅长分销、裂变和私域流量建设。

2.1 分销近几年才出现在教育领域，你觉得出现的原因是什么？未来会怎么发展？

分销出现的时间较早，被社交电商最先采用，但在教育领域出现较晚。若要说明分销出现的原因，我个人认为，最主要的原因是教育领域需要更多增长方式来获得生源，尤其是近几年竞争越来越大的情况下，寻求新的增长点成为必然。

分销已经在其他行业获得了巨大成功，尤其是在社交电商领域，大 V 店依靠宝妈分销，风生水起，利润丰厚。当然分销出现的原因也与科技的进步有很大关系，尤其是微信的迭代，让社交关系链的传播性更强。分销本身是依靠社交关系链传播的，本质是老带新的一种方式，而老带新在教育领域的转化率较高，分销自然就会在教育领域出现。

分销未来会怎么发展？我个人认为，分销将是教育的重要发展方向。随着利用分销获取用户的难度越来越大，分销必将会更加精细化，分销上的精细化策略会越来越多。比如对推广人的管理，在培训上会更加体系化；对推广人的激励措施会更多元化；在分销系统上，会越来越自动化。

2.2 从你的角度看，怎么理解分销？很多人把它和转介绍弄混，你觉得两者有什么本质区别？

分销是依靠社交关系链发展出来的代理销售体系，是依靠社交关系链中人介绍人的方式进行产品推广的，而这种人介绍人的方式是需要金钱去推动的，就是所说的介绍赚钱。另外，这种方式中的第一个人可能并不是该产品的用户。而转介绍被更多人认为是依靠老用户介绍新用户的一种方式，并不一定需要用金钱（利益）去推动。所以我认为分销和转介绍的本质区别就是分销是介绍赚钱的机制，介绍人可以是产品的使用者，也可以不是；而转介绍是老用户介绍新用户，是老带新的机制，老用户一般是产品的使用者，不一定需要用钱来激励。

2.3 目前哪些教育垂直领域进场较多，成绩较好？

目前分销已经在在线教育领域广为流传，尤其是 2020 年下半年开始，已经有很多在线教育机构进入分销领域。

关于哪些教育垂直领域进场较多，我个人认为首先是低幼启蒙赛道，尤其是少儿英语，其次是数学领域，接着就是素质教育赛道的美术和编程。成绩较好的领域有少儿英语启蒙和素质教育赛道的美术，代表机构是叽里呱啦和小熊美术。

2.4 参与分销，什么产品容易爆红，一定是引流产品吗？

参与分销最容易爆红的产品一定是高性价比产品，不一定是引流产品，而是让用户感觉超值的产品，举几个例子：

第一个例子是斑马的 9 元美术体验课，虽说只有 3 节课，但有丰富的画材（画材相当于其他美术机构 29 元体验课的教具），这款产品的性价比较高，非常火爆，有很多宝妈分销；

第二个例子是樊登读书会员买一送一，平时 365 元只能买 1 年的会员，但是买 1 送 1 后性价比更高了，每到营销节点樊登读书的会员量就猛增。这个产品不是引流产品，而是利润产品；

第三个例子是少年得到，其将专题课+硬件（错题打印机）设置成 299 元，本身错题打印机的市场价格在 300 元左右，再加上少年得到的课程本就是一个高性价比产品，在一个分销平台就卖了几万份，作为一个引流产品是很赚钱的。

2.5 分销平台的商业模式是什么，可以简单说说吗？

分销平台的商业模式就是代理机制，有宝妈资源的机构利用手里符合条件的宝妈分销达人跟教育机构合作，帮教育机构获客，用宝妈达人分销（介绍用户）赚钱和自购省钱的方式赚取中间差价。简单来说就是中间商赚差价，其中涉及 4 个角色，教育机构（需要用户）、课程分销平台（有用户和 KOL）、宝妈 KOL（有用户和影响力）、需要课程的用户。

教育机构是供货商，需要用户，无论大公司、小公司都需要。小公司增长渠道不多，与分销平台合作无疑是很好的选择，而大公司需要海量用户，分销平台的用户正好做补充；

分销平台拥有宝妈 KOL，是中间节点，利用用户资源与教育机构合作，帮忙招生，将商品上架到自己的平台，然后利用宝妈 KOL 的自购和分享获取用户和机构的差价；

宝妈 KOL 在这条线上是无数小的节点，她们利用自身的影响力将产品分享给身边的朋友或粉丝，以此赚取分销平台的佣金。我们都知道宝妈最容易聚在微信群或社交平台，她们时间相对充裕，而且对孩子非常关心，她们因群聚效应能影响到更多人。尤其是在育儿方面，厉害的宝妈 KOL 粉丝黏性非常高，很容易将产品推荐给自己的粉丝。

2.6　分销要处理好与课程生产方和分销员的关系，对生产方和分销员应该如何做激励和管理？

分销平台主要处理与课程生产方和分销员的关系，对生产方的管理，就是促使生产方能够包装出更多更优质的 SKU，此外还需给予必要的支持（运营人员和推广素材）。

对分销员的管理，主要通过建立社群进行重点运营，做好分销员的培训，包括新手培训、产品培训和推广技巧培训。对分销员的激励，主要是佣金激励和实物激励两种。现在分销平台的激励越来越多样化，包括推广固定比例佣金激励、新手激励、月度平台阶梯奖励、单个产品阶梯奖励、平台分红、群内晒单奖、培育下级奖、排名奖和发圈奖等，不断变换花样，促使分销员连续出单。

2.7　怎么判断分销是否成功？

我个人认为没有固定的标准，以下几点可以作为参考：

（1）在一定时间内，分销员给机构带来的用户增量满足了教育机构的生源需求。

（2）分销活动引爆了固定圈层，比如某产品在宝妈圈引起了广泛的传播。

（3）在分销员不多或者分销量不大的情况下，ROI（投资回报率，Return on Investment）达到了 1 以上。

2.8　和分销平台合作有哪些注意事项？

（1）如何确定合适的合作产品

不同课程跟分销平台合作的产品是不一样的，小班直播课和 1

对 1 合作的产品一般是 1 节直播课或小课包。AI 课和录播课合作的产品一般是体验课训练营，如果有专题课性质的小课和硬件也可以，可以包装成高性价比产品。

（2）如何确定合作方式和佣金

目前与课程分销平台主要有 3 种合作模式：CPA、CPS 和 CPA+CPS，具体选择哪种合作策略，与运营模式和合作产品有关，目前使用较多的是 CPA+CPS。

CPA：有按订单数付费、按到课数付费和按完课数付费三种付费方式，最常见的是按到课数付费。这种合作模式比较适合直播课里面的小班课和 1 对 1 模式，毕竟这两种模式的体验课一般是 1 节。如果按到课数付费，一般会给分销平台 100 元左右的佣金，推手的佣金为 70%左右。

CPS：按大课订单数分佣付费，这种合作模式比较适合体验课，价格比较低或者合作产品为轻课的机构。如果按 CPS 合作就要承担较高的大课分佣，一般小班课和 1 对 1 大课分佣 20%左右，大班课、AI 课或录播课大课分佣 40%左右，推手佣金占 10%～20%左右。缺点是如果机构的课程转化率太低，平台会不愿意合作。

CPA+CPS：按体验课订单和大课订单分佣付费，这种合作模式相对来说比较划算，按效果付费，并且不会导致分销平台没转化、赚不到钱。这种合作模式常见于经营训练营的机构，比如训练营 9.9元、29 元等。一般体验课分佣 50%～100%，大课分佣 10%～40%，小班课和 1 对 1 大课分佣 20%左右，大班课、AI 课或录播课大课分佣 40% 左右，推手佣金占前 10% 左右，后 20% 左右。如果体验课价格相对比较高，那么 CPS 可以相对较低，比如体验课 49 元，如果都给分销平台，CPS 就可以由 40% 降为 30%。

有一点非常关键，就是有定价的体验课给平台的佣金可以是 100%，但需要规定平台给予推手的佣金尽量控制在 70% 以下。如果给了推手 100%，一是会导致推手为了得到教具而购课，转化率自然不高，二是会导致推手为了得到后面的 CPS 而将课程佣金返还给用户或者拿到闲鱼等平台低价售卖，导致用户低价购买的转化率不高。

（3）如何确定推广流程

与课程分销平台合作的推广流程是非常关键的，因为这关系到招生数量的多少。我将推广流程分为以下四步。

第一步：提前预热

提前预热，打造神秘感或者提前让推广人熟悉产品，比如在线教育机构可以利用一些活动（猜产品、猜价格）打造神秘感，吊推广人的胃口，也可以利用课程宣讲会提前让推广人体验和熟悉产品。

第二步：推广期

进入推广期，在线教育机构可以提供产品宣传素材、老师讲座、产品宣讲，通过平台提供给推广人，尽自己的最大努力来赋能平台推手，并在推广期利用首发、团购、限时秒杀等营销策略打造产品势能。除此之外，还可以利用策略奖励激发推广人的动力。

第三步：活动倒计时

这个步骤其实应该放在推广期，但是我还是单独拎出来讲解，因为这一点对于推广数量而言很关键，倒计时带来的紧迫感和危机感，会让用户在活动结束前下单。据我观察，在课程推广最后 3 天出单量非常多，尤其是最后 1 天，所以在线教育机构可以给平台提供倒计时话术或者倒计时海报，让推广人有足够的推广素材。

第四步：返场

产品不要一直挂在平台，而是有节奏地定时上下架，定时返场。返场是很好的营销策略，这点做得比较好的是常青藤爸爸。常青藤爸爸的课程很多，它会针对某一款产品进行重点运营，比如通过产品不断上下架，不断涨价、返场来刺激用户，从而达到持续获取用户的效果。所以在线教育机构要把握营销节奏，推广一段时间后就结束第一期推广，每隔一段时间进行返场，返场前记得进行返场预热。

2.9 如果一名新人想成为分销操盘手，你想给他什么建议和忠告呢？

首先应该去看大量的案例，其次是研究市面上分销做得比较好的机构，尤其是竞争对手，研究内部流程，最后向有经验的分销操盘手请教。

当开始操盘分销时，我们需要思考下面这 6 个问题：

（1）自己的机构适合做分销吗？

（2）如果适合做，需要配多少人？个人建议先用1~3人试水，之后再进行人员补充；

（3）盘点公司资源，看看哪些渠道可以用来招募推广人；

（4）分销系统该如何选择？如果是中小机构，没有技术开发能力，建议使用第三方工具；如果是中大型公司，有技术开发能力，最好自己做分销系统；

（5）对于推广人的运营和管理，要重视培训，做好分类，如什么是必要的，什么是补充的；

（6）对于推广人的支持和激励，一定要做到位，除了平时给予推广员丰富的推广物料（小视频、文案、用户上课图、宣传图等），还应该教授其一定的营销技巧，另外就是激励制度的设计，激励做得好，可以让推广人不断出单。

3　社群运营

金句时刻：会玩圈子的人从来都混得不差。

嘉宾介绍：温鑫，TAPTIP 前半匿名社交负责人，曾任网易有道社群操盘手，擅长抖音 IP 孵化和商务拓展。

3.1　你认为基于教育行业组建的社群和其他行业的社群有什么区别？

我认为现在的教育行业的社群只是一个载体，并没有太多的灵魂，和大家的关系、链接都是微弱的，实际上是把线下的场景搬到线上模拟了一遍。这样的社群非常标准化、统一化、流程化，因为可以服务更多用户，效率更高。但是我们缺乏对用户真正的了解，也并不能提供千人千面的服务。

还有一种是组织型的教育社群，相对而言没有这么标准化，大家也没有非常具体且相同的目标，他们只是想提升自己。这种社群，大家虽然水平不一，但多数相信"我要变好"。在这样的社群，每个人都是组织者和推荐者，大家在一个并行结构里相互影响、相互链接，这是另一种教育主题的社群形式。

3.2　目前社群运营是教育行业转化的主要阵地，在你看来影响转化率的关键要素有哪些？

产品、营销、体验环节的设置是影响转化率的关键要素，以 K12 为例，产品是课程，营销是品牌知名度、名师包装、课程优惠等，体验则指在整个服务周期里，能让用户产生良好感觉的因素。

再往下细分，在课程上，如果是直播课，老师讲课有逻辑、个性鲜明、有金句，对某些重难点高度提炼，以及最后的直播种草、制造悬念，这些都是关键因素；在营销上，是否让用户感受到权威、专业、负责、物美价廉、物有所值，产品是否有更高的溢价空间，用户是否认可产品的价值，是影响转化的关键。从投放-公众号-社群这条链路来看，用户是否能很快找到公众号，是否能在公众号上快速报名体验课，报名后班主任是否能够快速跟进，这些都是营销转化的关键节点。

3.3　在社群运营上，内容和活动缺一不可，如何用好这两个抓手，和用户玩起来？

内容是社群运营的内核，如果没有内容，我们就没办法谈场景应用，更没有办法谈场景里面的消费。最终用户一定需要消费些什么，尤其是虚拟的东西，我们可以直接将其归为信息的价值。

内和容，内是内里的内，容是容量的容，我们首先要进行填充，其次是注重内里的质量。所以在整个活动中，我们需要精心设计。最终，有内核才有抓手，在内容为王的时代，有内核的资料包要比价值不高的书本、周边有意义。我们应该培养用户，让其认可我们的产品，认可虚拟物品的价值。

3.4 在社群运营的有效性和效率提升层面，SOP 的重要性不言而喻，在这方面你有什么经验可以分享吗？

SOP 可以理解为一个操作手册、客服文档、快速上手的东西，要在固定的时间里做相对合理且正确的事情。但 SOP 是让人放弃思考的文档，最终每个人迭代出自己的 SOP 文档，在里面沉淀自己的内容，这份 SOP 文档才有意义。

运营是 SOP 的核心，这就能解释为什么同样的 SOP，不同的人照着做，有不同的完课率和转化率。除了 SOP，我们要真正帮助用户建立好的学习习惯，发自内心地关心用户，且作为合理的陪伴者，帮用户短期内看到学习的好处，让他对学习完这门课有信心，了解学完能得到什么，未来还能怎么自学，这才是他真正需要的东西。

3.5 除了 SOP，剧本在私域运营（包括朋友圈和群）里的重要程度如何？如何从 0 开始设计一个高转化率的剧本？

我觉得还是要看产品，要看你的产品是否具有卖点、槽点、被讨论的价值。如果产品一开始就设计好了，就不用那么费劲了，因为你的用户会自发地讨论、互动、传播。

我还是以组织型社群为例，在一般线下实体饭店剧本杀的私域社群里，剧本还是相当有用的。信息差永远是这个世界上最大的生意，因为存在信息差，大家永远都愿意从别人那里接收信息。

在私域里也是如此，一个剧本里要有剧本本身，固定的人物，各个角色的分配和定位，还要有故事的主线，角色的深化，故事的展开，最终的结果，想传递的信息，这些在一开始就要设计好。

3.6 社群运营往往被人说成是"工具人"，但我认为，社群运营做得好不好，核心在于是否能够通过数据分析进行迭代，你同意吗？

优秀的社群运营，一定是将用户感知+数据分析同时作为参考。这个时代最不缺的就是数据，数据可以帮助人做 90% 的工作，但数据是"死"的，人是活的，不同的人在数据里能看到不同的东西，这都是因为有感知。

所以我以前带团队的时候总说：不要只看数据，数据有时候很有用，但统计数据也需要时间，在没有数据的时候，我们来自一线市场的从业者的感知就是最准确的。但只通过感知判断问题肯定会有误差，只通过数据来看问题也会有误差，通过数据+感知综合判断才是最好的方式。

同时举一个反例，在常规情况下，通过数据分析迭代很快，但在高维度竞争下，一定需要感知+数据同时存在，不然数据分析师为什么不直接去做社群运营呢？优秀的社群运营懂得参考数据，然后结合感知找出调整方向再进行迭代，如果说一味地通过数据去迭代，我是不太同意的。

3.7 如何搭建一支有作战力的私域团队，人员分工应该是怎样的？

我认为私域其实就是在打造品牌、个人 IP 和影响力。想要搭建团队，可以参考下面这个配置。

新媒体运营：这是一个解决外部感官问题的团队，包括运营抖音、视频号、公众号等平台，重点在于视觉、表现力、话术设计和 IP 化；

运营中台：负责输出价值观、输出运营 SOP、孵化 IP 矩阵（甚至把自己做成 IP），不断提供落地方案；

社群运营：承接公域流量池的流量，转化成高黏度的私域用户，这个人一定是天生爱和人打交道的；

商务+渠道：主要对接合作方、链接圈内 KOL 和大客户，一端提供高价值，另一端供给社群运营的用户去消费；

私域运营部门：可以将其理解成一个跟用户打交道的团队，一切以用户运营为起点，不断创造用户喜欢的内容，做好活动、维护等一系列工作，最终兼顾数据分析、人性感知和变现。

3.8 作为一名在线教育社群运营的老兵，请给大家介绍一些效率工具

我简单从几个类别进行介绍。

（1）快速提升认知水平

思维导图：画思维导图、提升认知水平就用 Process on 和 Xmind，除了自己输出，也可以多看看别人的思维导图，尤其在没有时间读书的时候，可以通过看某本书的思维导图来"刷书"。

（2）时间效率和自我管理

便签：用手机自带的就可以，把每天自己要做的事情及优先级写下来。

番茄闹钟：给自己设置不被打断的时间段。

（3）社群效率工具

比如一些第三方的 CRM 和 SCRM，这个大家应该比我更熟，就不再赘述了。

（4）其他工具

通讯录助手：360 通讯助手，可以用表格模板一次性把手机号码导入手机通讯录，然后使用微信的手机通讯录添加功能添加用户，这样不容易被封号，而且不需要一个个输入手机号。

修图：去水印相机、美图秀秀、美颜相机，用这些做拼图、去水印、做个人生活类素材比较实用。

3.9　如果一名新人想做社群运营，你会给他什么建议和忠告呢？

建议一开始先提升认知水平，运营其实就是观察人性的工作，并不是一个具体的工作，你需要掌握多学科知识，融会贯通。愿你眼里有光，懂得观察人和人性。社群不仅仅存在于线上，去做社会的观察者，探索人性，你就会知道社群运营到底是什么。

忠告就是，高手和入门者其实差的是一个脑子和一张嘴，社群运营的高手是世界上最好的商业运营手，会玩圈子的人从来都混得不差。如果你没有混圈、看人性、成为社会观察者的打算，我劝你还是别入行了。

4　本地化运营

金句时刻：用谈恋爱的逻辑来挖掘和发展核心用户。

嘉宾介绍：曾泽杭，家长帮上海站前内容运营负责人，擅长本地化用户运营和增长。

4.1　做好本地化运营的关键是什么？

想要做好本地化运营，有以下几个重点需要关注。

（1）热点敏感度和用户需求的挖掘

以教育行业为例，其最大的热点是升学热点，而且本地化特色很强，甚至有时候你会觉得用户的需求很奇怪。比如升学这类热点，有些可以进一步衍生出各种短期班产品；而有一些升学热点，如一个新政策的发布，一个学校的小道消息，几个学校的联合考试等，并不能做成一个学科产品，更适合做成一场讲座、一篇解读文章……无论哪种热点，都需要提前规划，快速判断这个热点要不要跟进，需要花多少时间和精力来跟进。

（2）本地化内容团队

做教育本地化的时候，用户咨询最多的是升学问题，其次是本地化资料，如果有本地化内容团队，就能够解决很多问题。另外就是内容团队对用户运营的赋能，解答升学问题时最容易和用户形成互动，但要求内容团队熟悉政策，能够在用户遇到升学问题时快速答疑。

（3）个人 IP 的塑造能力

为什么个人 IP 的塑造很重要？主要是因为本地化的用户忠诚度很高，对于教育行业来说，一旦用户认准一个老师，那么他就会一直跟着这个老师。新东方大部分城市的运营团队是以升学为热点去塑造老师 IP 的，再以个人 IP 去推广其他老师和课程；学而思偏向于以学科来打造老师 IP，在这个过程中孵化其他老师，成为新的 IP。

（4）运营节奏的把控

这其实也是一项社群运营能力，最核心的就是保持社群活跃度。另外就是偏统筹的能力，指的是在你遇到一个热点的时候，如何安排接下来的运营动作。同时还需要维持热点的热度，让群内的用户能够持续关注这个热点。热点维持的时长，决定了社群活跃度和后续产品的转化。

（5）活动策划和分析能力

本地化的社群拉新，除了内容拉新，大部分都是结合热点活动拉新，而影响活动效果的重点是时机和竞品分析。因为有一些热点是通用的，比如期中/期末考试，这种类型的热点几乎所有机构都会用，那么你就需要在一个合适的时机将用户的需求引导出来。我们可以参考《浪潮式发售》中提到的方法进行预热，在用户关注度满足一定条件时再顺势推出活动。另外一点是针对本地竞品的分析，主要是为了了解竞品的活动形式，便于与之产生差异。

（6）用户运营和核心用户挖掘

本地化运营同样遵循 2:8 原则。核心用户可以带来的东西很多，包括口碑扩散、转介绍、拉新、优质的内容……无论公司和个人怎么定义核心用户，在本地化运营中，核心用户一般都是线上完成接触、线下完成转化的。

我们常说以谈恋爱的逻辑来挖掘和发展核心用户，主要有这几步：通过需求或信任建立联系，用谈恋爱的心态发掘需求，不断包装自己、打造 IP，通过重要的体验加深信任，线下见面完成转化，最终确定关系。

4.2　本地化运营在用户生命周期中，在拉新、激活、留存等各个环节，和线上运营有什么区别？

本地化运营在用户生命周期中，与线上运营最大的差异，除了解决用户的提分需求，还要解决用户的升学需求。另外在本地化运营中，转化的周期更长，更加偏重用户运营（亲密度）、口碑外化。

线上运营主要形式是投放和活动（活动其实涵盖了各种拉新的

方式和方法）；在本地化运营中，传统形式主要是地推和异业合作。

升学年级的用户（小升初、中考、高考）本质上是不需要激活的，因为这批用户本身就具备需求，我们需要做的是将用户的注意力从同行那里抢过来，留在社群。所以在本地化方面，升学年级运营的同质化问题会比较严重，你需要做的是差异化、提供更好的服务。

而对于非升学年级的用户，常见的活动形式就是打卡和讲座。小学的打卡一般会以杯赛、期中/期末考试、知识模块组织打卡活动为主；讲座内容偏升学规划、家长教育两个方向。通过这些内容维护用户，进一步挖掘用户的需求。

4.3　在本地化运营中，和用户建立连接的主要方式是什么？

在本地化运营中，承接用户的平台主要是公众号（一般本地化的机构都会有升学的公众号和以公司名字命名的品牌公众号）和私域流量池（微信群和微信号）。但是用户活跃的地方在社群（微信群/QQ 群）和微信个人号，公众号更像一个工具，作为内容的分发平台和对外的品牌输出。

而与用户完成关系连接的方式主要是微信点对点、社群互动、线上讲座、线上直播、线下见面这几个，能够让用户感知这个人的方方面面，从而对这个人更加信任。

与用户连接要保持一定的频次，至少要有一次以上的重要体验。

这种重要体验要穿插在上述几种维护方式中，只有经过这种体验，用户才能记住你，才会在有需求的时候第一时间想到你。

4.4 都说社群有生命周期，如果基于本地化社群运营，我们是否要尽力延长用户在社群里的时间，还是说这并不是关键？

在本地化的社群里，社群按照年级进行细分，比如四年级、五年级、六年级……本地化的社群本身会有一个特点，在用户到了升学的年级后，重新唤醒的概率会比较高（一般都是重新把这批用户拉到群里）。所以本地化的社群，群活跃期一般在一年左右，在升学结束之后才会陆续冷淡。

而运营非升学阶段的家长群，一般是在打卡和讲座不断叠加的过程中，挖掘用户需求，在这个过程中找出核心家长，并结合一些契机将其转化成长期班的学员。

4.5 如果一名新人想做本地化运营，你会给他什么建议和忠告呢？

在我的理解中，本地化运营有两条路。一条以本地化教研为主，以升学为辅；另外一条路是本地化教研+专业的本地化升学，这条路比较难走，因为培养一个成熟的升学业务伙伴至少要一年时间。

如果真的要做本地化运营，我建议潜伏到头部教育公司本地的运营群（或者本地升学做得比较好的其他机构）里，然后买一本这两个机构的幼升小、小升初、中考、高考白皮书，先熟悉要负责的年级的白皮书内容。了解用户，了解他们为什么这么选择，运营在需求之上就变得顺理成章了。

5　财商教育增长操盘

金句时刻：首先 SOP 来自一线业务，不要自己拍脑袋，其次要确保 SOP 颗粒度足够细，落脚到某个具体问题。

嘉宾介绍：周晓，财商教育行业运营老兵，参与过某头部财商教育公司从 0 到 1 的运营工作。

5.1　财商教育是近几年的一匹黑马，但是才几年时间，这个赛道就已经很拥挤了。你觉得未来整个行业，业务要做什么调整，才能长期、健康地发展？

我觉得主要包括三个方面。

第一是解决用户的本质需求。学习不是目的，只是手段，用户的本质需求是解决投资赚钱的问题。目前市面上头部的财商教育公司提供的产品主要是课程，且以理论为主，用户学完后还是无法解决投资实操的问题。解决不了投资实操的问题，也就解决不了投资赚钱的本质需求。

第二是做出差异。目前财商教育同质化太严重，用户群体主要面向小白，提供的产品主要是课程。

第三是搭建后端变现产品。随着获客成本越来越高,单纯靠卖财商课程实现持续盈利几乎是不可能的。目前市面上比较成熟的变现模式是财商教育+保险+券商+投顾服务。前端通过卖课使投放ROI 大于 1,后端通过卖保险产品、与证券公司合作开户入金、提供规划投资方案的顾问服务等方式变现。

5.2 目前财商教育的拉新模型主要有什么?哪种效率比较高?

拉新模型主要是广告投放,包括抖音、快手等信息流广告、公众号投放、CPC 投放、微信广告等,占比基本在 90%以上,另外就是低成本获客,占比在 10%以内。

2021 年 6 月之后,由于红利期已过,广告投放成本急剧上升,各家投放都在缩减,开始转向非投放获客,比如裂变增长(转介绍、分销、公众号任务宝等)、内容获客(抖音、快手、视频号等平台的短视频和直播等)、第三方内容平台合作引流等。

5.3 你觉得社群运营这个岗位属于销售还是运营?

我觉得社群运营在财商教育领域偏销售性质,主要是由课程单价和用户群体决定的。在财商教育领域,用户集中在二三线城市,2000元以上的正价课对于目标用户来说是一笔不小的支出,在购买时会比较慎重。

目前财商教育行业的转化模式主要分为两种，一种是社群+直播的模式，运营周期基本为 7 天，第 1 天铺垫，第 2 天开始转化。正价课的价格一般在 2000～3000 元，直播间和社群都起到卖课的作用。直播间以上课为主要销售模式，而社群的活跃度较低，再加上课程单价高，所以社群部分的成单主要靠销售 1 对 1 私聊。

另外一种是纯社群模式，运营周期一般为 14 天，前 7 天铺垫，第 8 天开始转化。因为是在社群内上课的，所以社群的活跃度较高，但是超过 70% 的成单还要靠销售 1 对 1 私聊。

无论第一种模式还是第二种模式，社群运营承担的都是销售的角色，目标是转化正价课。

5.4　在财商教育领域要做好运营，SOP 化和销售能力缺一不可，这两种能力分别应占比多少，做好的关键各是什么？

个人觉得 SOP 占比 60%，当然前提是有一套好的 SOP。评判一套 SOP 是否有效，主要看新人和能力一般的人如果按照 SOP 执行，转化率能否达到及格线。

目前各家都有专门的人（运营策略）负责制定 SOP，一个运营策略一般支持 50 人左右的销售团队。我认为做好 SOP 的关键有两点：一是与销售团队深度合作，解决方案来自一线，不要自己拍脑袋；二是确保 SOP 颗粒度足够细，能具体到某个具体的问题，比如用户觉得太贵怎么办？

另外，销售能力占比 40%，销售能力一方面是销售精神，比如勤奋、坚持；另一方面是销售技巧，比如挖需、探需、关单等。

5.5　目前炸群在整个行业很普遍，你们有什么防控措施可以分享一下吗？

要想彻底解决炸群事件只有一个办法：让用户无法发出炸群的消息，但这件事只有官方能够做到，我们目前能做的是通过一些手段降低炸群的频率。因为目前企业微信的行业使用率较高，所以接下来的防控措施都在企业微信的规则下进行介绍。

（1）目前的炸群事件大概分为三类

第一类：同一人多次炸群。企业微信的防骚扰触发有 2 秒延迟，且即使炸群用户触发防骚扰设置，被踢出群聊、拉入黑名单，他还可以再次进群、炸群。

第二类：同一批人轮流炸群。一个人或者几个人作为真实用户拿到二维码，分享给其他人，多人进群之后，轮流炸群，踢了一个人，另一个人接着炸群。

第三类：模仿真人炸群。在前两类炸群都失败后，常常会进入此阶段，这类炸群无法彻底解决，只能防止同一个人二次炸群。此类炸群的成本较高，持续时间不会太长。

（2）处理措施

产品维度：

核查用户是否拥有课程且是否为该班的学生。正常来说用户先领取课程，然后才能拿到二维码，且一般都会有班级分配逻辑（某批学生属于某个班主任）。如果核查到用户没有买课程，就不邀请他进群；如果用户买了课程，但不是该班级的同学，也不邀请他进群。

如果人工核查效率比较低，研发能力强的公司可以基于企业微信自己开发工具，用户加好友/入群时能够自动识别。

运营维度：

切换用户路径。针对先入群、后加好友的路径，可以尝试变为先加好友、后入群的路径。如果有用户好友，用户第一次炸群被踢出后就不会再次进群了，因为再次进群时需要确认。

建立公司炸群黑名单，一经发现，将用户移出公司所在的所有群。

5.6 对于运营来说，怎么培养销售能力？

第一步，先了解运营和销售的区别，运营是线和面，销售是点；

第二步，记住点对点虽然低效，但是有用；

第三步，多跟销售能力强的同事交流学习。

5.7 据我了解，财商教育领域几乎不存在复购现象，对于正价课用户你们会怎么进行"再运营"？

目前财商教育领域的复购主要是转化高阶课和其他变现的产品，比如保险。投资是一个长期的过程，我们需要对用户进行持续的陪伴，做会员是一种比较好的模式。

6 职业教育增长操盘

金句时刻：成人购买教育产品，大多是想要购买一个方案，帮助他们花最少的时间实现效果。

嘉宾介绍：阿昕，现任某职业教育公司产品运营，曾操盘某大学生项目，获取近百万流量。

6.1 最近几年成人编程、Python 等泛 IT 教育在互联网圈子非常火，你们的课程主要面向哪类用户，和市面上其他机构有什么不同？

我们的课程主要专注于培养符合新时代发展趋势的人才，主要产品为 Java、Web 前端、人工智能、数据分析、物联网、Python 等数字化方向的课程。除此之外，我们也会做一些产品、设计、财商等的课程。

我们的课程主要面向大学生与职场人，职场人大概在 0~5 年这个阶段，他们非常需要帮助。毕业 0~3 年的用户，多半有求职技能培训、求职岗位选择、从校园到职场的心理过渡等需求。

毕业 3 ~ 5 年的用户，则面临晋升、涨薪等问题。

如果要说有什么不同，我会从用户的信任培育来看。目前成人编程是一个传统的赛道，其他机构大多是用网站留资+电销的组合拳进行营销转化。我们则是通过训练营或资料包等方式先进行用户信任和认知培育，再进行营销转化。

6.2　在职业教育领域，包就业对用户的吸引力有想象中的那么大吗，教育机构是如何与企业合作的？

是的，吸引力非常大，除了包就业，还有职场晋升和薪资提升。职业教育领域的需求并不像 K12 领域那么集中。

成人用户来到职业教育行业购买教育产品，他们真的是想购买教育产品吗？我觉得可能不是，从我个人角度来看，成人购买教育产品，大多是想要购买一个方案，帮助他们花最少的时间实现效果。对于职场人来说，包就业和职场晋升是普遍需求，也是非常清晰的交付物，所以是一个比较好的营销抓手。

每个机构基本都有专门的商务拓展团队，企业主对自己的品牌露出是非常谨慎的。根据之前和企业主的合作经验，当我们在课程中加上企业主的 LOGO 时，我们也需要帮企业主做相关的推广工作，相当于以物换物。

6.3 职业教育现在获客难吗？目前主要通过什么方式获客，有什么优势和劣势？

现在每个领域都很难做，其实这主要和你负责的课程及与之相匹配的用户有关。

以我现在负责的 Computer Science 为例，我们会做 Java、Web、C++这样的课程，其实这些都是非常小众的领域。我们公司主要以公众号投放和 KOL 投放来获客，B 站、知乎、小红书这样的渠道我们也会进行尝试。除此之外，我们也会到与计算机相关的院校和专业进行投放，比如投放到相关社群或朋友圈。

我们的优势是，用户虽然非常小众，但是相对比较集中。劣势是随着不断加大投放力度，每次投放的效果会越来越差，价格也会水涨船高。目前我们也在做更多流量端上的探索，最近我正在牵头做一个搜题型的产品，是否可以通过获客工具来搭建自有流量池，是我们下阶段计划探索的事情。

6.4 职业教育实现效果外化比较难，你们采用了什么策略应对这个难题？

（1）突出过往成绩和名师背景

其实这也是成熟的 K12 公司经常用的方式，比如突出××名同学拿到了 2 万元月薪，有××%的同学进了大厂。除此之外，还可以强调老师是原来××大厂的招聘负责人，对企业招聘逻辑了如指掌，面试过××人等。

（2）依靠产品端的包装和后端的强大交付能力

以目前我负责的课程为例，我们会打出"包 1.2 万元月薪就业"或"涨薪 20%后再付款"的营销卖点，也会和用户签署合同，这都益于后端强大的交付能力，类似这样的营销卖点容易吸引用户。

6.5　对于现在已购买正价课的用户，你们会怎么进行"再运营"？是转化复购吗，比例大概有多少？

对已购买正价课的用户通常用两种"再运营"方式，复购和转介绍。目前我们会在推出新班型后，对已付费用户进行宣贯，通过补齐差价的方式来改班型。

6.6　如果一名新人想投身职业教育领域，你想给他什么建议和忠告？

目前职业教育领域还处于一个相对早期且野蛮探索的阶段，用户的需求非常分散，不像 K12 领域那样需求比较集中。

但从我的角度来看，职业教育行业未来的发展潜力无穷，国家也出台了相关政策，免去了很多机构的后顾之忧。如果想要获得职业教育行业领域的红利，我建议尽快入场。

第 **7** 章

运营人的成长之路

1 一张纸驱动职业生涯

大概 3 年前，我读了一本来自日本的畅销书《丰田一页纸极简思考法》。

当时我的状况是：逻辑能力很差，写的方案领导不想看；我把方案给同事看，本来想得到反馈，结果完全是独角戏，无人搭理；我把方案给合作方看，有时候打电话解释的时间甚至比写方案还要久。结果加班时间越来越长，直到有一天我实在累得不行，下定决心一定要改变现状。

刚才提到的这本书《丰田一页纸极简思考法》，不仅解决了我当时面对的具体问题，而且毫不夸张，对我之后的人生也产生了很多积极影响，让我找到应对很多难题的极简方法。一张纸驱动思考的方式不仅适用于职场，还适用于你觉得重要的每件事，包括理财、家庭、健康……甚至是你的整个人生。

对于某些方面做得很出色的人，我们习惯称他们为"人生赢家"，但我们往往只看到他们获得了什么，很少关心他们是怎么成功的。

人类的大脑是个分类机器，一刻不停地吸收着外界海量的数据，将其简化和格式化处理，以便我们理解这个世界，这是人的本能。对于不同的人，我们也在不断分类，常见的分类有：穷人和富人，好人和坏人，男人和女人……但如果让你用"人生赢家"这个维度分类，你会怎么分呢？先暂停 3 秒，大家来思考一下。

我来分享我的答案，从"人生赢家"这个角度分类，我会把世界上的人分为两类，有系统的人和没系统的人。

这两类人有什么不同呢？

有系统的人，他们能够有机地协调自己内部和外部的环境，懂得拉长时间，把过去、现在和将来联系起来，注重整体。他们遇到事情既不会纠结也不会害怕，因为他们知道怎么做选择。

为什么能果断地做选择？不在于他们掌握了多少知识，而是他们知道什么东西最重要，也就是有自己的原则。对于职场、生活、关系、理财……每个领域，他们都有几条对应的原则，帮助自己拨开纷杂，清楚决断。

另外，为什么这群人不会害怕呢？因为他们不会因外部环境的偶然性乱了阵脚。比如教培行业变天，这件事本身具有一部分偶然性，面对这种偶然性：

有些人乱了阵脚，每天在工位上胡思乱想，担心下一个被叫去谈话、被裁员的是自己；

有些人每天暗暗思考，如何让公司给自己 $N+3$ 的赔偿；

有系统的人早在还没进入行教培公司前就做好了打算，下一步要去哪个行业、哪家公司、哪个岗位，预计在这家公司待几年，要做到什么程度。

瑞·达里奥在他的《原则》一书中提到，我们要把自己打造成自己的"机器"，而不是做一件件单独的事。这里的"机器"，其实可以理解为系统。

我记得很清楚，我毕业后在一家公司工作时，我的同事问过我这样一个问题：

"松月，你的职场终极目标是什么？"

当时的我头脑空白，愣了足足有半分钟，我也清楚地记得我后来的回答：

"希望我能在 27 岁做到公司的运营总监，而且希望到那个时候，自己有足够的自由度，不想上班就可以不上班。"

现在看来，我做到了。真的很感谢那位年长的同事，在我很年轻的时候，问了我这样一个问题，让我能"以终为始"系统化地思考职业这件事。

说了这么多关于"系统"的事，那如何打造我们的人生系统呢？有没有简单又容易上手的方法？

人生是一张纸，职场也是一张纸，一张纸能构造一个系统，甚至打造你的"理财系统""家庭系统""读书系统"……只要你想掌控这个领域并有所建树，你就可以尝试这个"一张纸驱动"的方法。

我见过厉害的人，拿一页纸驱动工作，拿一页纸驱动健康，拿一页纸驱动情感，拿三页纸驱动人生，就是这么简单而通透。

在学习具体操作方法前，我们有必要了解"一张纸驱动系统"的几个基本原则。

第一个原则，以终为始。

我第一次看到"以终为始"这个词，是在《高效能人士的七个习惯》这本书中。书里提到了一个很形象的比喻，如果你要到底特律旅游，但是你没有地图，你要怎么才能到达目的地？或者你连目的地都没有，你怎么可能快速完成任务？

人生也是如此，以终为始，我们先要知道自己的终极目的地在哪，才能规划行程。在人生路途中，无论发生什么事，都必须牢记自己的终极目标，确保每天朝着这个目标前进。

为此，你需要写下自己的个人使命，就是你"以终为始"的"终"，如你的人生信念是什么，你这辈子想成为什么样的人，做出什么样的事业。个人使命就像个人宪法，它是评价一切的标准，是我们以不变应万变的力量源泉。它既是做出任何关键抉择的基础，也是在千变万化的环境下做出决策的基础。

比如，我的个人使命是"帮助 100 万人学会运营自己的人生"，这个使命就是我的人生终点，也是当下我做出各种选择背后的原因。

第二个原则，找到最关键的核心要素。

定下了目标，在朝着目标迈进的路上，我们常遇到的问题是：好像有很多路都能通往终点，我要怎么做选择？

我的建议是，找到最关键的核心要素，这个核心要素，做起来投入产出比最高，能让你更贴近人生终点。人生很多事都是要么不做，要么做透，做到 100% 都不行，只有做到 100% 以上才有意义，这就是所谓击穿阈值的含义。

找到最关键的核心要素，也是一种人生的断舍离，没有放弃，就没有聚焦。我曾经看过一个朋友的"驱动人生的一张纸"，在各个年龄段，他把要做的事情极度聚焦，他的人生使命是"让自己和家人过上身心富足的一生"，来看看他的计划：

30 岁以前，不做任何选择，只要有事，就把它做好；

30~35 岁，做一些选择，积累初步的生活资金和职场品牌；

35~45 岁，做一件事，坚持十年；

45 岁以后，回学校教书。

每当他在人生任何一个阶段面临诱惑时，这些核心要事会迅速把他拉回正轨，让他有充足的时间和精力聚焦当下。

第三个原则，实时更新。

人生是动态变化的，由于外部环境和自身的成长，"驱动人生的一张纸"也需要实时更新，以便更好地指导人生。但如同公司战略一样，"驱动人生的一张纸"变化既不能太频繁，也不能长期不变，最好 1 年调整一次。我的建议是，在年初做当年计划的时候，顺便更新"驱动人生的一张纸"。

让我们回顾一下，制定"驱动人生的一张纸"的 3 个原则，分别是以终为始，找到最关键的核心要素和实时更新。

下面进入实操环节，打造"驱动人生的一张纸"，具体方法是什么？

如果你们公司采用的是 OKR 的管理方法，你上手会更快一些，因为背后的逻辑非常相似，由目标做牵引，然后拆分到具体的落地计划。我在这里放了一张自己的 OKR 工作模板，供大家参考：

个人 OKR 目标管理

姓名：松月　　　　　员工编号：　　　　　　所属中心：
岗位名称：　　　　　时间段：

序号	目标（O）	关键结果（KR）	权重	日期	完成情况说明（完成进度，下阶段行动，需要的协助或资源）	进度得分（1/0.7/0.3/0）	校准结果

如何打造"驱动人生的一张纸"？从逻辑角度来看，要从是什么、为什么和怎么做进行梳理和展开；从时间角度来看，要从驱动整个人生、驱动 3 ~ 5 年、驱动每一天等方面进行梳理和展开。

我自己常用的框架是这样的：

我的使命—— 一生的驱动力；

我的原则——做选择的准则；

我的中长期目标——3 ~ 5 年的驱动力；

我的中短期目标——1 年的驱动力；

我的短期目标——每天的驱动力。

你有没有发现，这个"驱动人生的一张纸"就是所谓的知行合一。光有目标没有用，要具体到 1 年，3 ~ 5 年，每天的行动计划，才能一步步走向人生终极目标。

按照这个框架，每年年初我都会更新"驱动人生的一张纸"，用这张纸再去拆分其他领域，比如职场、理财、情感、健康，相信你也会和我有同样的感觉，承上启下，非常自洽。

2 找到合适的行业和个人优势

很多人通过文章认识了我，以为我是做 K12 的，其实我只短暂入职过某 K12 头部公司，之后就一直做成人培训。虽然我在 K12 领域待的时间很短，但有两件事情令我印象深刻：

第一件事：敏感词严查，如"提分""升学""小升初"等，当时好几天都在彻夜检查，如果有问题立即下线整改；

第二件事：成本＞60 元的盒子课，只卖 9.9 元甚至 1 元。

当时我心里很疑惑：校外培训机构和学校抢时间，这种做法可持续吗？这种赔钱赚吆喝的商业模式，可持续吗？把教育做成"互联网+"生意，可持续吗？

我当时很痛苦，原因是看不懂、看不清，再加上并不认可这种把教育当作生意的工作方式，所以在这个行业待了一段时间就离开了。

现在回想起 3 年前的决定，我依然觉得无比正确。前段时间我翻到当时离职前的笔记，也和几位朋友做了分享。看到我离职前居然能这么理性地进行分析，他们都惊呆了。

其实，刚毕业的时候，大家的起点都差不多。人和人的差距之所以会慢慢拉开，取决于几个关键决策，决策不一样，人生道路截然不同。接下来分享的内容，不仅适用于职场，当你面临人生各种重要选择时，你都能套用这个分析框架，找到属于你的快车道。

以教育行业举例，我会用一张表分析一家公司，如表7-2-1所示。

表 7-2-1　用一张表分析一家公司

	政策	资金	人才	商业模式（自造血）
看什么	国家（教育部）政策、省市县教育局相关文件	公司、赛道、融资金额、轮次、投钱机构	招聘岗位、地区、人数、薪资、门槛	变现模式、定价策略、转化效率——变现金字塔
从哪看	官网、地方教育委员会官网	36Kr、虎嗅等商业新闻	拉勾、脉脉等求职平台	上市公司看财报，未上市公司看基本计算公式
定权重（重要程度）				
给分数（综合评估）				

这个表叫"4看"表，主要看政策、资金、人才和商业模式这四个维度。那么，具体该看什么？从哪看？怎么预判权重，给出分数？

我把这个分析框架整理出来。

第一是看政策。

看什么：国家（教育部）政策、省市县教育局相关文件；

从哪看：教育部官网、地方教育委员会官网；

重点：政策人人都会看，关键是要观察背后的态度，同时借助一些专业机构的解读形成自己的判断，2018 年国家的政策显示，校外培训是对国家基础教育的一种补充，这个定位是不能变的。

第二是看资金。

看什么：公司、赛道、融资金额、轮次、投钱机构；

从哪看：36Kr、虎嗅等商业新闻；

重点：大家平时可以制作一个表格，将每个月你所关注的赛道投融资变化汇总，其中有这几个维度，公司、赛道、融资金额、轮次、投钱机构。投钱机构越知名，越能证明这笔钱的意义和背后的价值，比如顺为、IDG 资本、蓝象、真格、北塔等都是有实力的投资机构。

第三是看人才。

看什么：招聘岗位、地区、人数、薪资、门槛；

从哪看：拉勾、脉脉等求职平台；

重点：通过招聘可以观察该公司业务是扩张还是紧缩，通常看招聘岗位、地区、人数、薪资、门槛等，甚至是一些具体的事件。比如自 2020 年下半年，不少头部公司开始在其官网招聘本地化的运营和地推人员。另外，薪资是不是比别的行业起薪高，门槛是不是比别的行业低，也能间接证明这个行业目前是否渴求人才，人才涌入其实是政策和资金向好的一个反馈。

第四是看商业模式。

看什么：变现模式、定价策略、转化效率等；

从哪看：上市公司看财报，未上市公司看基本计算公式；

重点：一家公司的商业模式是很重要的，也就是这家公司到底是如何赚钱的。这里包含 3 个层面，最底层是变现模式，然后是定价策略和转化效率。前面那张分析表包含权重计算，如果一个公司没有自造血能力，业务初期和扩张期只会花投资人的钱，是不可持续的。业务初期就要一手抓产品，一手抓变现，等到产品打磨完成了，再去思考商业模式已经晚了。

如果是上市公司，我们可以看这家公司在公开渠道发布的财报；如果是没有上市的公司，掌握一些用户 LTV（生命周期总价值，Life Time Value）的基本计算公式，也可以帮助我们做一个基本判断。LTV = 平均生命周期×平均用户收入×毛利率，毛利率 =（销售收入−销售成本）/ 销售收入×100%。

前文主要是宏观部分，涉及线、面、体，下面来讲一下个人，也就是点。个人如何借势而为，找到自己的个人优势？

如果大势没有结合到个人，就等于做运营没有抓手，没有落地的方法。一直以来，我都是用这个模型来找个人优势的，如图 7-2-1 所示。放在职场中，就是找到你的职场生态位。

第一个圈：找到你被市场需要的点，看看 5～10 年内能搭上哪部趋势电梯上升；

第二个圈：找到你喜欢做的事，解决长期动力不足的问题；

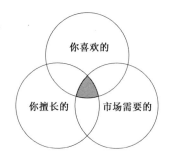

图 7-2-1　用 3 个圈找到你的职场生态位

第三个圈：找到你擅长的、比别人做得轻松的事情，解决长期
不见成效的问题。

以上 3 个问题答案的交集，就是你要的细分领域，围绕这个细
分领域再去想你要做什么内部和外部准备。

3 运营人核心能力模型

3.1 基本能力 9 宫格

我一直很反对这种说法：运营门槛很低，人人皆可入行。在我看来，运营是个对综合能力有较高要求的岗位，知识体系无论在横向还是纵向都有广阔的拓展空间。

尤其是我所在的教育行业，由于行业的特殊性，运营教育行业和其他行业，从业者所需的技能会有一些差异。我结合 8 年的从业经验及行业洞察，总结出运营人的基本能力 9 宫格。下文将进行比较全面的诠释，希望对你有所帮助。

3.1.1 内容运营

负责内容的生产、整合和包装，了解不同渠道、平台的特点和传播特性，持续地对接不同用户的不同内容需求，给予充分的内容供给，并在这个过程中不断调整运营策略，持续围绕内容这个中心点延长用户的使用时长，促成变现。

优质的内容，无论何时，无论在何种行业，始终都是稀缺品。无内容，无互动，无留存，无裂变。

3.1.2　社群运营

根据社群定位和运营目标，制定社群运营策略和落地方案，主要围绕引流、激活、留存、转化、裂变等用户全生命周期，找到每个时间节点需要使用什么物料、活动、话术进行承接。同时要站在更高维度去思考社群在公司、品牌及用户运营领域的地位和作用。要基于用户标签进行精细化运营，通过分群运营提升整体社群用户的 LTV，并能借助他人之力让社群自行转起来，比如设计社群的激励机制和 KOL 的挖掘培养。

要摆脱工具人身份，效率工具虽然很重要，但要看到背后的人性及不同用户的不同需求。群发不能带来激活和转化，只会骚扰用户。

3.1.3　数据分析

可以根据运营目标搭建数据体系和模型，要有充分的数据意识，在日常运营和大促时，知道如何监测和分析数据，并能正确归因，反向赋能运营，从而进行策略上的迭代和优化。

另外，数据分析的一个很重要的分支，就是进行运营目标的拆解，并且落实到具体的运营上。

3.1.4　活动策划

活动策划属于基础的交叉技能，在内容运营、社群运营、用户运营等工作中都会用到。根据不同的运营目标，活动策划承担着拉新、促活、提升留存率等作用。

目前大多数教育公司不会将活动策划设置成一个单独的岗位，活动策划主要根据运营目标和运营对象策划活动，在落地过程中调动各方资源，并在活动过程中实时监测数据，进行动态调整，最终完成运营目标。

低阶和高阶的活动策划，区别在于是否能站在更高维度去看待活动，是否了解每个活动和公司整体战略目标的关系。

3.1.5　拉新裂变

拉新裂变主要分为外增长和内增长。外增长主要通过拓展渠道和商务合作等方式，将新用户引流到私域流量池；内增长主要通过产品内设计和相关活动策划实现，主要方式是老带新（转介绍）。外增长和内增长根据分工侧重点有所不同，一般前者会分布在市场部，后者会分布在产品部、运营部、增长团队。

我们主要聚焦内增长，即如何基于存量促进增长，这就需要了解存量用户的需求和痛点，策划和包装活动，选取合适的渠道和触达方式，启动存量用户，使用户愿意参与活动并传播活动，不断给官方带来高质量用户，降低获客成本。

3.1.6　用户运营

做好运营的关键是要懂洞察，懂人性。所以说，用户运营是基本功。用户运营要基于用户全生命周期，即拉新、激活、转化、留存、自传播、召回等各个阶段，让每个阶段的数据表现更好，并通过持续运营用户和收集用户反馈，向产品端反馈迭代意见，推动形成用户和产品的增强回路。

3.1.7　SOP 化

随着产品的用户量级陡增，对运营的人效和知识经验沉淀都提出了更高的要求。SOP 化基于成功实操经验的沉淀，一个合格的SOP 考核标准是，一个新人或能力一般的运营人照着做，也能让数据保持在及格线。

但需要注意的是，SOP 化后并不能将文档束之高阁，它是一本活字典，需要多使用、多反馈、多迭代，随着产品、团队的不断发展而发展，不断满足不同阶段的运营要求。

3.1.8　项目管理

只要你在社会上与他人有协作关系，你就一定要掌握项目管理的能力。首先，运营人的工作比较杂乱，往往需要多项目并进，需要靠项目管理能力确保项目能保质保量完成；其次，要完成基于公司维度的业务闭环，需要多个部门协同，比如产品部、市场部、技术部联动，跨部门的联动工作成了必选项，这也需要项目管理能力。

3.1.9　渠道运营

一切你可以利用的资源和流量，能为你的运营带来增量的手段都可以称为渠道运营，其中包括免费、付费（投放）、换量等。要了解渠道的基本情况，产出素材内容，然后根据数据不断调整运营方案，为产品的持续发展拉来高质量的新用户。

3.2 从 T 型人到 π 型人的转变

以前常说运营是万金油，不怕千招会，就怕一招绝，但当时的环境是公司不多，运营岗位也不多，职场竞争相对不那么激烈。

随着内卷加剧，运营人在职场中要有充分的竞争力，只有一个绝招还不够，还需要从 T 型人过渡到 π 型人，左右脚走路，才能又快又稳。但要遵循一个前提：运营的基本功要过关（达到合格线），而且从中发展出一个长板。要在工作中有意识地培养这种意识，去争取这样的工作机会，别人提到你时，就能联想到你的标签，这样你就占据了职场生态位，能吸引更多的机会。不断锻炼长板，让长板更长，你的个人增长飞轮就转得越来越快了。

在此基础上再发展你的第二曲线，即先稳住基本盘，再发展增量。你的第二曲线，可以从上面 9 个能力模型里选择，你也可以紧盯市场趋势，找到更细的领域切入，比如直播运营、KOL 运营、分销运营等。

4 运营增长常见岗位分析

由于在线教育和其他互联网领域存在本质区别，所以岗位设置也有很大不同。本节主要介绍在线教育领域常见的运营增长岗位，希望对准备找工作或跳槽的读者有所帮助。

目前在线教育岗位越来越多元化和细分化，运营岗位分为新媒体运营、用户运营、产品运营、内容运营、短视频/直播运营、活动运营、课程运营、社群运营、渠道运营、学科运营、项目运营、KOL运营、师资运营等。

有些岗位可以从字面上理解，但有的岗位很难理解，特别是名字相似的这几个：用户增长、增长运营、增长产品、策略运营，我们先从以下几个岗位开始介绍。

4.1 增长岗位

目前大量在线教育公司招聘的用户增长人员（等同于增长运营），主要安插在两个部门，一个是市场部，另一个是增长团队。

这决定了两个部门的增长方式有所不同，主要是外向式增长和内向式增长。

外向式增长由市场部负责。

岗位职责：在外部找到渠道，弄清玩法，把流量从公域导到私域。

岗位关键词：找渠道、摸透玩法、找到转化到私域的方法。

内向式增长由增长团队负责。

岗位职责：通过产品内部功能优化和用户生命周期管理，实现内向式增长，如老带新、新带新等。

岗位关键词：数据分析、用户精细化运营和目标拆解能力。其中，目标拆解主要有两个方法，第一是按业务流程（内部职能流程，整条业务线会经由哪些部门的哪些环节），第二是按用户营销漏斗（外部营销流程，用户会经历哪些流程，主要看涉及金额的营销流程）。

增长产品和增长运营有什么不同？

〇 职能不同

增长产品：需要根据公司、部门和项目的需求进行产品设计和功能开发，从需求调研、需求规划、产品原型、需求评审、需求排期、研发阶段、测试验收、上线测试、大规模推广等全阶段给产品注入增长因子，更偏向底层和基础设施构建。

增长运营：需要根据公司、部门和项目的需求进行用户全生命周期管理，主要集中在流量和留量运营上，以实现用户增长为目标，包括产品内部的增长优化和产品外部的增长（拓展外部渠道），更偏向用户和产品运营。

○ 目的差异（短期）

增长产品：从 0 到 1 把产品和功能做出来，然后根据数据反馈，进行产品功能的迭代和优化。

增长运营：配合增长产品，确保用户体验，以达到高效获取用户的目标，提高活跃度，提升留存率，提高转介绍效率。

○ 入职先后有差异

一般先有增长产品，后有增长运营。

相同点：终极目标都是为了用户增长。

另外，增长产品主要偏向产品工作，主要是产品功能的开发（以求用户增长），也可以理解为长期运营活动的模块化工具，比如老带新、分销、新手路线和权益、会员体系和积分等。

所以，一个增长运营人员，大概率会以下面的工作内容为主（非绝对）。

裂变：包括做群裂变、任务宝、企业微信裂变等工作，目的是扩大以微信为主体的流量池，招募的增长人员最多；

众筹：工作内容以小程序、App、H5 为载体，设计邀请助力或砍价的玩法，目的是拉新注册用户或激活用户，同时低价出售产品，包括主要增长产品和增长运营两个岗位。

拼团：工作目的也是出售产品，并借助社交渠道提高销量，间接实现引流，主要分成运营和产品两个岗位。

分销：与拼团目的相同，方式为直接返佣，用户传播的动力更大。分为商务、运营和产品三个岗位，商务岗位负责找分销平台，运营岗位负责招募推广人，产品岗位负责设计工具。

解锁：玩法上是借助邀请，将产品的一部分独立、低价出售，兼顾引流和售卖产品，工作岗位和众筹、拼团类似。

转介绍：玩法上依托转化产品甚至营收产品的用户自增长，策略、运营、产品岗位，策略岗位面向辅导和销售，运营岗位面向市场部，产品岗位负责研发工具和优化。

4.2　策略运营

最近两年在线教育领域出现了策略运营这个岗位，到底什么是策略运营？

大家去看市面上的招聘，可以发现策略运营还可以再细分，常见的有转化策略运营、销售策略运营和教学策略运营。

不管是什么策略运营，核心就是两组词：数据驱动和流程标准化。根据数据分析，不断优化直指业务目标的 SOP，包括社群 SOP、课程打磨 SOP、直播转化 SOP 等，也需要对具体的指标负责，有点像项目经理的角色，但要求掌握的技能更加全面。要了解数据分析、产品运营，还要有资源协调的能力。制订策略很简单，有时候只需要一个人，但策略执行需要跨部门才能完成。

这里给大家推荐一个网站——职友集，这个网站收录了具体岗位的全部招聘信息，能让你大概了解相关框架。

4.3 其他相关岗位

新媒体运营：负责公众号、视频号、头条号、知乎、小红书、抖音、快手等知名内容平台的选题策划、内容编辑、输出、IP 方面的运营等，核心指标是粉丝量，业务方面的指标为阅读量/播放量、点赞、收藏、分享、评论等。

内容运营：负责新媒体运营中专注内容的选题、策划、编辑、输出等，以及前端或后端团队中提供素材的岗位，比如课程、资料、海报等。

课程运营：负责课程的选题策划、内容框架、讲师沟通、内容打磨、课程上架等，一般会承担课程报名人数的指标，权限大的可以直接负责课程的推广运营，一般属于学科团队。

短视频运营：负责抖音、快手、视频号、B 站及其他平台的视频内容输出，更多的是 IP 运营，属于新媒体运营的分支。

学科运营：负责一个教学产品线的课程、招生、活动、续报等，对产品线的招生人数负责，属于项目型运营。

招生运营：负责招生活动，设计招生策略，为用户增长团队/流量团队/市场团队招生提供抓手，设计招生活动中的转化路径，直接负责招生指标。

策略运营：前端和后端团队都需要的岗位，只负责提供完整的可落地的策略方案，跟进执行，依托数据做策略迭代优化，指标以合作部门的 KPI 为主。

销售运营：销售团队里的策略运营。

直播运营：负责直播业务的全流程运营，包括主播选择、产品选择、剧本设计、流量推广、粉丝运营、直播间控场等，是目前在线教育的风口岗位。

转化运营：负责转化环节的策略设计，属于策略运营。

社群运营：负责各种类型社群的搭建、管理，SOP 和剧本设计，内容输出等，前端和后端部门都有相应岗位，具体职能不同，群的类型也不同。

活动运营：基于各种业务，以活跃用户为核心，前端和后端部门都有相应岗位，有的部门直接将其变为增长运营。

5 运营人职业发展建议

运营人的职业发展路径大致可以分成三种线路，分别是运营型增长负责人、功能型产品增长负责人和业务线负责人。

运营型增长负责人，主要工作以产品功能为抓手，在此基础上设计长期及短期活动，实现产品内的增长，提升用户留存率及老带新裂变率；功能型产品增长负责人，主要工作是迭代已有功能和开发新功能，提升产品的吸引力和使用率，基于产品功能做用户增长；业务线负责人，以核心业务为主战场，包括围绕业务的设计迭代、市场推广、渠道管理等，以业务视角规划短期、中期、长期的发展。

虽然三种线路具体的工作各有侧重，但背后的能力要求都是一样的，都体现在运营人的 9 宫格能力模型里，要求发展 π 型能力，两条腿走路。入行时间越长，软实力越能决定运营人在整个行业的发展上限。

关于运营人的软实力，我经常会收到这样的提问：

你的本职工作很忙，为什么有时间做那么多"斜杠"的事情？而且做得都不错，你是怎么做到的？

我想分享一个关于时间和精力管理的小妙招。职场其实是场马拉松，想跑得稳一点，久一点，一方面靠能力，另一方面靠耐力。耐力再拆分得细一点，无非就是两点，时间管理和精力管理，两手都要抓，且两手都要硬。

我在时间管理上并不是一帆风顺的，中间踩过非常多的坑。

我踩的坑主要集中在三方面，分别是工具、划分时间段和优先级。

首先通过自我诊断，我判断自己是"晨型人"，那怎么安排一天的时间，工作效率才能最高，而且还有时间玩耍呢？我试过非常多的工具和方法，番茄、四象限、断网法都不怎么灵。

后来，我先找到和自己最匹配的大方法：一天只努力完成 3 件事。我先试着做，也就是先"僵化"，然后试着坚持一段时间，也就是再"固化"，在这个过程中，我在其中加上了我屡试不爽的专属于自己的时间规划 TIP：

每天起床后，用 5 分钟写下今天的计划及必须完成的 3 件事，加黑加粗；

完成顺序，按照 1+1+1，即 1 件高优先级的事+1 件低优先级的事+1 件高优先级的事，我称之为三明治法，尽量在午饭前把一天的要事完成，即使完成不了，也要把思路理清，这样就能确保我在精力最充沛的上午，将优先级最高、最费脑、最需要深度思考的事情解决，下午主要处理一些日常事务，晚上则用来休息和充电。

目前我还在沿用这套时间管理方法安排自己的工作和生活，分配自己的精力。当然这个方法并非适合所有人，你需要自己进行探索和试验。

接着聊聊充电和学习，对我来说，充电和学习是两码事。先说说充电。为什么人要充电？因为能量耗尽了，包括精神上的和肉体上的，肉体上每个人都有自己的舒缓方法，这里我们来聊聊精神上没电了怎么办。

我相信你也遇到过这种情况，身体不累，就是心累，提不起来心气儿做事情。我的解决方案就是，找到精神能量来源。

每个人都有自己的精神能量来源，可能是一本书、一首歌、一场电影，但归根结底，它们都来自某个人或某些人。

对于我来说，我的精神来源包括：我自己、公司里最让我尊敬的一个人、最近看的剧里最想成为的那个人。

我自己的成长还有职场生涯都不是很顺利，但好在我皮糙肉厚，比较能折腾，一路上总结了不少充电语录，放在手机便签里，没劲儿的时候打开看看，就能回血，摘录一些送给你，可能对你也有效。

所有正在发生的，都是在帮你。

你不行就是你不行，你不行和别人一点关系都没有。

如果自己不支棱起来，任何人都无法帮你，记住，是任何人。

虚心学习，谋定后动，静待成长。

稳住自己，像一个中年人一样。

人生没有容易的事，一件都没有。

这是场无限的游戏，努力成为牌桌上最后一名玩家。

优秀不够，卓越才行。

即使拿到一手烂牌，也要打出一串王炸。

偷懒骗不了自己，迟早会被发现。

不从自己开始，什么事情都不会发生。

不会游泳的人，换个泳池还是会淹死。

没有结果的过程是放屁，没有过程的结果是垃圾。

…………

还有，公司里最让你尊敬的人，不是所谓业务最优秀或职位最高的人，而是他身上有你特别想拥有的品质的人。现在我们公司中就有这样的人，他身上最优秀的品质是拥有成长型思维，人活得极其舒适。你可以当面指出他的不足，他不会生气，反而会先跟你道歉，然后跟你探讨这个问题，谦虚地请教你。

我之前有这样的毛病：别人指出我的不足，我会先想着辩解，但现在不会了，我会特别高兴，因为我有进步的空间，我可以变得更好了。

说完充电，再聊聊学习。

学习分为碎片化学习和系统化学习，获取信息的渠道是最重要的，能在前期帮你节省大量的筛选时间。

碎片化学习对应的是碎片化时间的利用，一般是 10 ~ 30 分钟，比如搭乘交通工具、饭后散步、两项工作的间隔休息，这时，我就会开启音频或看文章。

我一般采用漫步收听法，听到哪算哪，听到特别有启发的内容就暂停，然后去找相关资料，类似熔断不读书法。

熔断不读书法的具体做法是，打开一本书，快速浏览，找到一个有启发或者有疑问的点后合上书，思考对我的启发是什么，我能在工作和生活中怎么运用，最后用 5 分钟把自己的心得体会以文字的形式记录下来。短短 20 分钟，可以用这种单点突破的方式，让读书效益最大化。

介绍一些碎片化学习的渠道和方法。

首先是听书，其次是看公众号文章，每个领域的公众号我都少量推荐一些（毕竟大家不缺信息源，缺的是优质信息源），比如专业领域的见实、人人都是产品经理、鸟哥笔记，生活领域的果壳、深夜种草、Sir 电影，认知领域的混沌学园、刘润、36 氪等。再就是刷书，这世界上值得精读的书真的不多，关于读书方法，很多大神早就分享过了。对于那些有点用但又不需要花特别多时间读的书，应该如何阅读？这里我介绍两个小方法。

（1）幕布社区-找书找课

我经常去的地方就是幕布-精选社区-读书笔记。

这里不仅有热门书、工具书、认知书，还有一些课程，对于不需要精读的书和课，我通常就用这种刷书的方式获得知识框架。

（2）略读方法

① 先看书名页，如果有序的话就快速地看一遍，注意作者的视角和目的；

② 研究目录页，对这本书的基本框架做概括性的理解，这就像旅行之前先看一下地图。遗憾的是，大多数人读书根本不看目录（包括我），事实上很多作者在编排目录上花费了大量精力；

③ 查看索引和新书腰封，读一下出版者的介绍；

④ 从目录中挑一些你熟悉或者感兴趣的章节来看；

⑤ 把书打开，东翻翻，西翻翻，找几段或几页读读；

⑥ 读全书的最后两三页。艾德勒认为很少有作者能够抵抗在结尾将自己的观点重新整理一遍的诱惑，因此读最后两三页是很重要的。

通过这 6 个步骤就能完成一本书的略读，这是一种非常主动的阅读方式，大概一个小时就能完成。略读完成后，你已经得到了一本书的骨架，并且可以判断这本书是否值得用分析阅读的方式继续精读。

关于系统化学习，想要解决具体问题，而且是系统化解决问题，我认为掌握思考方式更加重要，而不是单纯知识获取。上课对于我来说是最好的方式，效率高，效果好，虽然读书也是一种方法，但无论强度还是效率都比较低，而且无法同他人交流。学习他人的经验（无论成功经验还是失败经验）是最快的。

　　线上课和线下课都可以，报名前一定要仔细研究适合的对象和课程大纲，要带着问题去听课，而且要做好预习。了解哪些知识要竖起耳朵听，有什么想问老师的问题，也可以提前列好提纲。无目的，不学习。

　　课上完了，一定要有输出，文字和语音皆可。如果所学内容和工作有关，不妨做一次和团队内部的分享，输出就是最好的输入，检验你有没有真的学懂，就看大家问你的问题，你能不能当场回答。

6　求职和面试实战建议

实战建议就不讲虚的，5步帮你找到心仪的工作。

○　关于定目标

你要有决心和明确的目标，然后以目标为起始点往后推算，定下"我要在××时间内入职××公司的××岗位，实现月薪××元"的清晰目标。

○　关于目标达成路径

寻找是否有这样的岗位，靠谱的渠道包括脉脉和各种微信群内推。

整理自己过往的工作和项目经验，盘点自己的核心能力，找到和目标岗位的差距，可能会出现以下两种情况。

差距过大：如果和目标岗位差距过大，我们可以考虑先进入这家公司。这和考大学一样，就算你上不了北大、清华，先去北京再说，大环境真的能影响人，后面再争取转岗；

差距可以短时间补齐：具体欠缺哪方面的能力，与这个能力有关的关键知识是什么？按照定义和案例进行学习，如果想在短时间内有突破，报课和看书可能有点慢，效果不一定好，这时候用指哪打哪的招数会更管用。

举个例子，我在 3 年前想要入职某在线教育头部公司做增长工作，在没有教育背景、没有增长经验的情况下，如何拿到用户增长的 offer？

我先估算了自身的基本能力和项目经验，我的核心能力集中在内容和活动运营上，薄弱方面集中在对教育的理解和增长活动的模型上。然后迅速制订了 1 个月的冲刺学习计划，调动学习能力，从教育行业到 K12 再到具体的增长案例，按部就班，开启疯狂学习模式。

○ 关于投简历

在投简历时千万不要海投，要个性化定制，根据岗位要求，匹配你的简历，有案例、有成果、有总结、有反思，让筛选简历的 HR 在看到你的简历时就确定，这就是我们要找的人。

○ 面试准备

面试主要涉及 4 部分内容。

1）基本环节，常见问题有：

自我介绍。

你为什么要选择在线教育领域？

你对在线教育这个领域怎么看？

你为什么选择我们公司？

你对我们公司怎么看？

你知道我们公司的竞品吗？

你对竞品怎么看？

你如何看待今年的直播卖货和短视频？（要多关注新趋势）

…………

2）业务环节，常见问题有：

你为什么要面试这个岗位？

你觉得自己为什么能胜任？

…………

3）3个左右的场景题（不是问答案，而是看思路），比如：

这个季度，你们部门的业务目标是将转化率从15%提升至25%，你会采取什么策略，为什么？

如果让你去一条新业务线，这个业务线产品已经有了，面临推广和获客难题，要在1个月内新增1万名用户，你准备怎么做？

春节期间我们上线了一个训练营，报名人数同比增加30%，但转化率却下降了20%，如果你是业务负责人，你认为主要原因是什么？

…………

4）再回到基本问题，比如：

你的优点缺点是什么？

你能接受加班吗？

这份工作你预计做多久？

你对薪资的期望如何？

○ 笔试准备

一般是回去准备，进入这个阶段，相对来说就比较容易了。

图书在版编目（CIP）数据

超级留量：精细化运营实战笔记 / 陈松月，谢涵博著. —北京：电子工业出版社，2022.9

ISBN 978-7-121-44126-4

Ⅰ. ①超…　Ⅱ. ①陈…　②谢…　Ⅲ. ①网络营销　Ⅳ. ①F713.365.2

中国版本图书馆 CIP 数据核字（2022）第 147605 号

责任编辑：黄　菲　　文字编辑：刘　甜　　王欣怡

印　　刷：三河市鑫金马印装有限公司

装　　订：三河市鑫金马印装有限公司

出版发行：电子工业出版社

　　　　　北京市海淀区万寿路 173 信箱　　邮编：100036

开　　本：720×1 000　1/16　印张：16.5　字数：178 千字

版　　次：2022 年 9 月第 1 版

印　　次：2022 年 9 月第 1 次印刷

定　　价：75.00 元

　　凡所购买电子工业出版社图书有缺损问题，请向购买书店调换。若书店售缺，请与本社发行部联系，联系及邮购电话：（010）88254888，88258888。

　　质量投诉请发邮件至 zlts@phei.com.cn，盗版侵权举报请发邮件至 dbqq@phei.com.cn。

　　本书咨询联系方式：424710364（QQ）。